# 人生没有过不去的坎

## ——职场新人手册

刘娜娜◎著

深圳出版发行集团
海天出版社

**图书在版编目（CIP）数据**

人生没有过不去的坎 / 刘娜娜著. -- 深圳：海天出版社，2010.11
ISBN 978-7-5507-0005-5

I. ①人… Ⅱ. ①刘… Ⅲ. ①人生哲学－通俗读物
Ⅳ. ①B821-49

中国版本图书馆CIP数据核字（2010）第218147号

## 人生没有过不去的坎
**REN SHENG MEI YOU GUO BU QU DE KAN**

执行策划 余 鑫 吴隆卿
执行编辑 刘瑞雪
责任编辑 王 颖
责任技编 蔡梅琴
装帧设计 郑晓玲

---

出版发行 海天出版社
地　　址 深圳市彩田南路海天综合大厦 （518033）
网　　址 www.htph.com.cn www.bgglw.com
订购电话 0755－83460137 83460397（邮购） 400-700-1112转4（团购）
营销推广 深圳市标杆文化传播有限公司
印　　刷 深圳市希望印务有限公司
印　　张 12
字　　数 161千
开　　本 787mm×1092mm 1/16
版　　次 2011年6月第1版
印　　次 2011年6月第1次
印　　数 10000册
定　　价 22.00元

---

# 目录

# 开 篇

翻过前一页，你应该明白了——在世界范围里，你已经是属于少数非常幸运人群中的一员了。

幸运的你，走出乡镇县城，或者走出大学校门，年轻的心灵怀抱绚丽梦想，来到现代都市，涉水职场，站在人生港口，扬起青春激情风帆，准备启航。

阳光下，现代都市高楼林立，市声喧嚣，车水马龙，寸寸都是精致的繁华；夜幕降临，五彩的灯光照亮不眠的都市……在你明亮清澈的眼睛里，这个流光溢彩的大都市分明就是一个大舞台，而你，将在这个令人炫目的舞台上演绎你的梦想，由此，你的青春热血里激情荡漾、充满创造力。

但是，你不明白为什么你会变得这样迷惘、困惑、孤独和痛苦？

为什么会这样？

其实，这是一个必然的过程，因为你正在经历你人生一个非常重要的过程。

穿过都市繁华耀眼的外表，你直达都市生活的核心——支撑都市经济的企业，成为企业一员，一个全新的职业人。

运行的企业像巨大的蜂巢，日复一日，月复一月，甚至年复一年，简单重复的工作，沉重的体力消耗，单调卑微的生活，单薄的薪资袋，湮没了你所有曾经的憧憬，窒息你青春心灵。一切都跟你想象的完全不一样，你的梦想竟是如此脆弱，被现实无情击碎。

你觉得都市欺骗了你，生活欺骗了你。

其实啊，并不是都市欺骗了你，也不是生活欺骗了你，只是你正在经历人生中社会意义上的“断乳期”：从一个被父母家庭供养、被社会保护的人，开始成为一个自食其力的社会人。

这样的过程是人生的一个坎。

在人的一生中，我们会遇上大大小小无数的坎，但是，生命独立的“断乳期”是一个相当重要的坎。我们以什么样的状态超越并跨过这个坎，决定着我们人生最初的航向。

要跨过这道坎，我们首先要认识生活的真相。

草原上繁花盛开，我们为花朵的美丽而感动；巨树参天，我们为树的冠盖雍容而感动。但是，正是因为小草和大树的根须在黑暗的地底下顽强而坚韧地吸取水分和营养，才催生了鲜花绽放、树冠枝繁叶茂。

我们享用蜂蜜，赞美蜂蜜鲜甜，但小小一勺蜂蜜，是经由多少蜜蜂的辛勤劳作！我们被都市繁华吸引，殊不知，这里曾经只是一个渔村，一片荒原，是父辈祖先数代人的热血汗水，才建设成为今天这个样子的城市。

欣赏花开，闻扑鼻花香；享受树荫，听绿叶在风中歌唱。那是观者的感受，得到的是万物表象。

山花烂漫，是因为根须在黑暗中默默无闻地汲取养分；蜂蜜鲜甜，是因为蜜蜂辛勤忙碌地酿造。

所有人生成功的前提，是努力、忍耐和付出。生活不是一场盛宴，而是漫长岁月脚踏实地的前行和攀登，这就是生活真相。

只有在生命独立的状态下，生活才向我们展示它的真实面貌。

要跨过这道坎，我们必须学会一种能力——审时度势，调整我们的人生地图。

离开故乡亲人，或者走出同学师长诗书文章的大学校园，从北方来到南方，从乡镇来到都市，熟悉的生活骤然中断，在全然陌生的生活环境里经历生命独立的“断乳”，这个过程一定是非常痛苦的。

幼年，我们蹒跚学步时，家人的手随时会扶住我们；生命走向独立过程中，我们迈出的每一步都必须靠我们自己。下雨了，不会有父母在门口为我们送伞；天冷了，没人会唠叨着给我们添加衣服，我们必须学会自己照料自己；跌倒了，必须自己爬起来；委屈了，必须自己忍耐和开解；犯错了，必须自己承担责任和后果；不懂的地方，没有人再会提醒我们，我们必须自己观察和学习；我们从小被保护惯了，现在却必须独自前行；曾经，只要我们开口索取，就一定会得到满足，现在却必须付出努力全力争取；曾经，我们激烈反抗父母的管教，反感他们的经验和指点，现在，迷惘中，一切必须由自己选择和决定……我们由被供养到必须自食其力，进而成为独立社会人去供养家人，立场和视角完全不一样。在这样的“断乳期”和“适应期”中，我们之所以痛苦和迷惘，是因为我们曾经的梦想是基于我们早年的“心灵地图”，这个地图与社会生活不能重叠，所有我们想当然的航线都让我们迷失和碰壁。所以，我们必须鼓起勇气，直视严峻的生活真相，以它为指南罗盘，重新调整我们认识世界感受生活的坐标和经纬度，在人生旅途的起点，再次设定自己的目标和航线。

社会生活生机勃勃，瞬息万变。在人生航程中，我们将适应这样的现实流变，不断地调整人生航线，重设坐标。在生命独立“断乳期”，我们是第一次学习人生地图的调整，这对我们一生都具有重要意义。

要跨过这道坎，我们还必须做好充分的心理准备。

成功和梦想不是圣诞树，会在一夜之间华灯璀璨、堆满礼物。通向成功顶峰是一条漫长艰辛的路途，无论是聪慧的乡村少年，还是天之骄子的大学毕业生，在人生起跑线上，我们必须放下所有自卑、自负和骄傲，心态归零，以足够的坚毅和忍耐，度过社会适应期。

初涉职场，进入企业，成为新丁、菜鸟和一个“蘑菇”。

我们是“蘑菇一族”。

蘑菇定律：

一个组织，一般对新进的人员都是一视同仁，从起薪到工作都不会有大的差别。无论你是多么优秀的人才，在刚开始的时候，都只能从最简单的事情做起。“蘑菇”的经历，对于成长中的年轻人来说，是必须经历的阶段。

从家庭中的太阳，父母眼里的小皇帝，变成无人重视、一无所长的“蘑菇”，没有朋友，水土不服，听不到乡音，不受重视的岗位，没有创造力的工作，无端的批评、指责、代人受过，没有机会在阳光下展示才华……被置于企业阴暗的角落，自生自灭、得不到必要的指导和提携……

“蘑菇一族”，是卑微的一族、痛苦的一族、迷茫无助的一族。

年轻的朋友啊，不要悲伤无望，要知道，虽然我们从云端掉到阴湿的蘑菇之地，但是，这个卑微的零度坐标线上，是我们观察真实生活的最近距离；骄傲的翅膀被折断之时，也消除了我们曾经不切实际的华丽幻想；所有的痛苦和挫折，正在挤压锻打我们脆弱自负的心灵，迫使我们人格痛苦地成长。

此时，我们何尝不是一只蜕变的飞蛾？

飞蛾由蛹变蛾前，它翅膀萎缩，十分柔软；在破茧蜕变时，飞蛾必须要经过长时间痛苦地挣扎，窄小的茧洞挤压飞蛾，将它身体中的体液挤压到翅膀上去，翅膀才能充实有力，支持它在空中飞翔。

有一个生物学家做了一个实验，他用一把小剪刀，把茧上的丝剪了一个洞，让正在蜕变过程中的蛾出来可以容易一些。果然，不一会儿，蛾就从茧里很容易地爬了出来，但是那只飞蛾身体臃肿，翅膀萎缩，奄拉在两边伸展不起来，它跌跌撞撞地爬着，怎么也飞不起来，过了没多久，这只飞蛾就死了。

所以，在这生命的低地，阴湿的蘑菇地，在这个蜕变的狭窄通道，尽管充满痛苦、迷惘和无望，我们唯一能够做的，就是要不断给自己加油和打气，让自己有足够的忍耐坚毅来面对挤压和挫折，在最低洼处扎根，在最黑暗处观察，从最简单最单调的事情中学习，在最艰辛的工作里磨炼意志，努力做好每一件小事，尽快进入社会人角色，赢得认同，完成蜕变，结束“蘑菇期”。只有这样，我们才能跨越这道坎，而只有跨过这道坎，我们才能由“蘑菇”变成一棵树的幼苗，在清风里展开我们绿色嫩芽；只有在漫长的挣扎和挤压之后，我们才能够在阳光下张开我们强有力的美丽羽翅，飞翔。

要跨越这道坎，我们还需要学会分解我们的人生目标。

正因为年轻，我们充满梦想，梦想让我们激情澎湃奋力进取。在我们的眼里，成功和理想像风筝一样飞满蓝天，仿佛，只要我们伸手一拉，梦想的成果便在眼前……但现实常常像一把无情的巨剪，剪断我们手中所有的线，风筝飘逝，挫折和沮丧遮蔽我们的双眼。

年轻的朋友，千万不要让沮丧和无望熄灭你们人生目标灯塔之光。

媒体和舆论展示给我们太多成功者的信息，成功像累累硕果挂满了他们粗壮的生命之树，我们置身于这样美丽丰盛的果园里，扑鼻的芳香海洋让我们沉迷和陶醉。但是啊，年轻的朋友，你沉迷的是收获的果林、秋天的果园。你想过没有，时光的另一头，这样壮美丰盛、果实累累的生命之树的早年，曾经只是一棵幼嫩的小苗，想象一下它必须经历漫长岁月的风霜雨雪，刀斫斧伐，雷击虫害……我们对伟人和成功者的光环和成就羡慕不已，却常常忽略丈量他们早年起点和抵达成就之间的岁月距离，没有用心去历数他们一路前行中所遭遇的艰难困苦，更没有去细细思量他们面对生活挫折和挑战的人生姿态。

大富豪李嘉诚幼年家贫，十四岁时遭遇战乱和父亲病逝，作为长子，李嘉诚不得不含泪结束学业，去当一名泡茶扫地的小学徒，用他还很稚嫩的肩膀，挑起赡养慈母、抚育弟妹的重担。

阿里巴巴的创始人马云，第一年高考失利后，他找不到工作，只好当了一名三轮车工人。第二年再考，又没有考上。之后一年，马云白天踩三轮车，晚上上夜校，坚持不懈，终于考上了大学……

被称为资本主义精神代表的本杰明·富兰克林，是世界著名的科学家、发明家和政治家。富兰克林童年时家境清贫，为了维持生活，他十岁辍学，十二岁就去当印刷学徒，整整当了十年的印刷工人。他去世后，墓碑上刻着：本杰明·富兰克林，一名印刷工人。

所有伟人和成功者的早年和我们一样艰难，甚至比我们起点更低，更加命运多舛。他们成功的原因，正是因为早年的苦难的磨砺，更是因为他们始终保有坚定的信念和明确的目标。

1984年，在东京国际马拉松邀请赛中，名不见经传的日本选手山田本一出人意料地夺得了世界冠军。当记者问他凭什么取得如此惊人的成绩时，他说了这么一句话：凭智慧战胜对手。

当时许多人都认为这个偶然跑到前面的矮个子选手是在故弄玄虚。马拉松赛是体力和耐力的运动，只要身体素质好又有耐性就有望夺冠，爆发力和速度都还在其次，说用智慧取胜确实有点勉强。

两年后，意大利国际马拉松邀请赛在意大利北部城市米兰举行，山田本一代表日本参加比赛。这一次，他又获得了世界冠军。记者又请他谈经验，山田本一性情木讷，不善言谈，回答的仍是上次那句话：用智慧战胜对手。这回记者在报纸上没再挖苦他，但对他所谓的智慧迷惑不解。

10年后，这个谜终于被解开了，他在他的自传中是这么说的：每次比赛之前，我都要乘车把比赛的线路仔细看一遍，并把沿途比较醒目的标志画下来，比如第一个标志是银行；第二个标志是一棵大树；第三个标志是一座红房子……这样一直画到赛程的终点。比赛开始后，我就以百米的速度奋力地向第一个目标冲去，再以同样的速度奋力地向第二个、第三个目标冲去。40多公里的赛程就被我分解成这么几个小目标轻松地跑完了。起初，我并不懂这样的道理，我把目标定在40多公里外终点线上的那面旗帜上，结果我跑到十几公里时就疲惫不堪了，我被前面那段遥远的路程给吓倒了。

我们已经明了，通往成功和理想的路途遥远充满艰辛。在这样一条布满荆棘的人生旅途上，在我们人格心理尚还稚嫩之初，我们要给自己建立驿站和加油站。每一个阶段，根据实际情况和我们自己的能力，我们为自己设立一个可以达成的目标，一旦达成，将会成为下一个目标和下一段旅程的信心和动力。

我们初入社会，入职初期，目标不要设定得太高。这个时期我们的目标是了解社会、适应社会和融入社会，我们任何的努力都不会是白费和徒劳，即便我们是“蘑菇一族”。新丁的无足轻重，正好可以在人际关系边缘观察生活、学习人情世故；单调的工作，正好可以考察企业流程环节的运作和相互间的关系；强体力的工作压力，正好可以磨砺我们的坚韧意志；即便薪资只能糊口，我们也已经做到自食其力，如果还能够寄钱帮助家人，我们已经学会反哺和付出，成为一个学会担当的社会人。

能够做到这样，我们便有能力度过生命独立“断乳期”和社会职业人的“适应期”，我们正在跨越生命历程中这个重要的坎！

人生一路只要坚持这样走过去，我们就一定能够抵达我们最终的目标，实现我们最美的梦想。

纵然我们已经做好了准备，迎接命运的挑战，但是，步入社会和职场的适应期，困难和挫折会不断打击我们，痛苦是一定的，孤独、迷惘和沮丧常常会淹没我们初生的信念，摧毁我们刚刚生长的意志，失败和绝望更企图阻止我们成长，扼杀我们对生命的热爱！

年轻的朋友们，让我们一起来探讨和梳理，让我们一起面对所有扑面而来的“乌鸦”，认清它们，射杀它们，将它们驱逐出我们心灵的天空，保护我们心底所有初生的绿芽。所有的这些绿芽，将在我们的未来，长成果实累累的生命果园！

# 走出孤独的城堡

REN SHEN MEI YOU GUO BU QU DE KAN

孤独就像黑太阳

青春孤独是个坎

穿越孤独，我们成长

走出孤独的城堡

## 孤独就像黑太阳

孤独是所有游子生命漂泊旅途中的痛，更是初入社会、学习独立的年轻朋友必然经历的黑暗隧道。在这样的生命时空里，孤独就像黑太阳，遮蔽了青春所有的阳光，黑暗、孤寂和伤痛使我们两眼泅泪、无法呼吸。

打开网页，有那么多孤独的心灵在呻吟和哀叹，在这些青春伤痛孤独中，是不是有你的影子？

“孤孤单单一个人，走在俪影双双的街头……”常常想起这首老歌，一个人在陌生的城市走在陌生的街道，看着从身边匆匆而过的陌生人，有种说不出的伤感，说不出的孤独寂寞，此时的自己才算真正体会到了游子的心情，体会到了什么叫做孤独一人。都不知道自己是怎么了，只是感觉眼里常含泪水，只要一个不小心，眼泪就会夺眶而出。

夜已深，窗外是陌生城市的夜空，秋风寒气从窗户渗透进来，仿佛挟着一股欺生排斥的冷酷。身处陌生的城市，不能忍受那份悲凉。独处的时候，想起过去的种种，一种醒来无人可识可诉的孤独遍布全身。

想睡了，也是孤独地睡去，不想再有那曾经的梦了；明早，将在陌生城市醒来，也还是找不到一点熟悉和安慰！当一个人对这个世界和生活失去信心的时候，是否也是这身处陌生城市的感觉？

在这座陌生的城市里，我没有朋友，四周都是听不懂的方言。没有乡音的城市夜晚，孤独总是紧紧地包围着我，除了一个人听雨，好像别无选择。

每次走在这不属于我的城市，我内心陡然地生起空虚的感觉，伤感一次次地袭击我脆弱的心灵。在这里，没有我可以倾诉的朋友，没有我可以宣泄、喊叫的地方。在别人面前，我会很小心地伪装自己，不让别人看到我内心的痛苦。我不明白，为什么村里的人就一定认为城市生活才是幸福的。每次听到你们说到城市读书的孩子很了不起的话，那是对我的赞扬还是嘲讽？你们看不到，天黑以后，我偷偷落泪的样子。很多时候，站在陌生的城市大街上，觉得很孤独无助，也许我就应该好好地哭一场，然后痛定思痛。

我讨厌宿舍–教室–食堂的三点一线的死板生活。单调、平庸、机械的日子一天天地挨过，真是悲哀。

刚刚从学校里出来。在学校，他们说我们都是天之骄子，出来了以后才知道自己什么都不是；在学校，他们说我们的前途是万丈光芒，出来了以后才知道必须独自面对一段很寂寞孤独的路。以前，在学校里听老师和同学的，在家里听父母的，自己根本就不会拿一点主意，完全是一个没有主见、不独立的人！现在踏入社会，一个人在一个陌生的城市里，没有亲人没有朋友，必须得独立了，感觉很孤独，很茫然。

来到这个城市已经快半个月了，但却感觉内心好孤独，好难受。第一次离开朋友和父母，竟是这么地痛苦！我以前一直以为去一个没有人认识我的城市里生活是一件最美好的事，可我发现我错了，要走出这一步真的好难。来到这个陌生的城市里独自生活，但是好苦。从来没有工作经验，做起来真的好吃力，而且外面的世界不是我想的那样好。有的人好自私啊！说的一套做的又是一套，我是一个不会说谎的人，所以看到别人那样我就会觉得他们好虚伪，所以我选择了一个人，可这样真的好孤独。没有知心朋友，遇到事只有自己独自承受，真的好难受啊，我不知道怎么办，我写这些话也不是为什么，我只是压抑了好久，感觉自己好吃力，想让朋友帮我解忧。

总是莫名其妙地感觉到很疲倦，很孤独，尤其是当很多朋友在一起的时候，觉得周围的热闹和自己格格不入，热闹的是他们，我却什么也没有。好像自己是在一个远远的地方在看着他们，很羡慕，也真的很想把自己融入进去，可是却没有办法。只好就这么远远的，远远的，看着……不知道是谁说过这样一句话："一个人的时候觉得孤独并不可怕，可怕的是在人群中觉得自己孤独。"我不知道这样的我是不是很可悲。而且每天都在不停地工作、工作、还是工作。结束了今天的工作，却没有一点点的开心，因为单调重复的工作明天又要开始。

夜深了，我依然清醒。在这个陌生的城市里，听着窗外偶尔驶过的汽车的轰鸣声，电视机开着，也不知道在演些什么，只是觉得在这个时候，开着电视，会让空荡的房间显得不那么冷清，也就不会觉得特别地孤独。特别地想家，特别地想念我的朋友……

这个城市，白天，快节奏的生活让你觉得异常紧张，夜晚却又让你体会无比的孤独与寂寞！我想也许我现在还没有融入这个城市，觉得自己就像这个城市的一个过客！

……

## 青春孤独是个坎

在每个人的一生中，孤独感会时常来袭。每一个人都不能避免孤独，甚至，学会孤独、享受孤独是一种成熟。但是，青春孤独不一样。青春孤独是我们人生第一次面对的巨大孤独，那是心灵孤独、情感孤独、社会和地域意义上的孤独的汇集。无论人生顺境还是逆境，起点高还是低，青春孤独捕获我们每一个年轻的生命，我们每一个人都将挣扎其中，慢慢成长起来。

年轻的朋友，为什么在进入社会之初，我们会有这么强烈的孤独感？青春孤独像黑夜一样笼罩我们的心灵天空，湮没了我们曾经的五彩梦想……既然，这是所有年轻生命必然经历的时光隧道、生命中的坎，为什么它会这么伤痛难熬？

朋友，那是因为在这个生命时段中，我们正在经历生命中三个层面的蜕变，我们新生脆弱的心灵要应对这么复杂巨大的蜕变，一定是痛苦和迷茫的。

首先我们正在经历从天真年少向独立社会人的蜕变。这个过程中，我们将告别无忧无虑的“旧我”，自我意识和自由意志催生了一个全新的生命，这个新生命是那样充满生机和力量，在新生命眼里，所有之前被教育必须遵守的准则、规范、纪律和道理，甚至是父母之爱，都成为我们急切生长的羁绊和束缚，我们是那样急切地要挣脱甚至打碎这些枷锁和束缚，无论它们合理还是不合理！这个新生命张开自我和自由两个美丽的羽翅，响亮地鸣叫着我们独一无二的生命意识，但是，挣脱和打碎“旧我”和旧世界之后，究竟要建立什么样的“新我”和新世界，我们却是茫然的。在虚幻的理想境界和现实生活之间我们找不到明晰的通途，于是，生命内在的孤独和痛苦便淋湿了我们初生的羽翼，使我们负重难飞……

青春年少的我们离开故土和家乡，离开父母朋友，像被移植的小树苗，来到陌生的城市。

常常看到，园林工人移植树木花草，无论是花苗分盆还是大树移植，都会在它们的根须部位保留被称为“娘土”的原有土壤。因为，对植物来说，移植是一个重大的坎，存活和重新生长之前一定要经过艰难的适应期。保有“娘土”是为了在一个完全不同的环境里有一个过渡和缓冲。可是，比花卉大树更为敏感和脆弱的我们，从阡陌交错、鸡犬相闻、邻里相望的温暖环境，从同学师长诗书文章的青青校园，不带任何“娘土”，直接来到陌生的城市，陌生的土地，我们裸露的心灵进入全然不同的生活状态：不同气候的水土不服，不同乡音的隔膜疏离，不同生活节奏的无所适从，不同人际交往方式的手足无措……离开熟识的生活，却进不了全新的环境；亲情友情留在远方，举目四望，偌大的都市却没有一个朋友；旧习惯无法保存，新生活无从建起……所有这些，使初入社会原本就忐忑不安的我们更加焦虑忧心，这样的焦虑忧心在没有“娘土”的状态下，加重了我们的孤独、迷茫和痛苦。

无论我们是来自乡村还是出自大学校门，初入社会，我们都是一无所知的新丁——我们是蘑菇和菜鸟。

迁徙动物年复一年地离开自己生活的故土，前往遥远的异乡寻找可口的食物和温暖的阳光。这些动物的遗传密码中天生就有迁徙季节和迁徙路线的印记。深秋，大雁和天鹅南飞；春天，燕子从南方回来。雨季将要结束的5月，一百多万头角马横过非洲大陆迁往肥沃的平原和西部塞伦盖蒂林地；秋季，雌性的大马哈鱼会从大海朝着家乡河流源头洄游，它们奋力逆水向上，跃上瀑布，在上游产下后代，春天水暖，孵化后小马哈鱼根据遗传密码中的迁徙地图，又游回大海……但是，作为万物之灵的我们，我们寻梦，迁徙异地，生活瞬息万变，社会错综复杂，科技一日千里，但是我们的遗传密码中没有任何信息告诉我们抵达梦想和目标的路线和地图。世间万象中，一切都要靠我们自己在磕碰摸索中前行，跌倒、受伤、犯错、挫折，在青春驿站，我们四顾茫然、徘徊、孤独……

面对三重蜕变的我们，遭受三重挤压的年轻生命，一定会孤独迷茫，伤痛不已。

## 穿越孤独，我们成长

虽然青春孤独在所难免，让我们伤痛不已，但是，所有的成长都伴随着痛苦。孤独中，我们往往能够最大限度地倾听自己内心的声音。从网上的内心独白中，我们可以看到，很多处于青春孤独中的朋友，正是在痛苦和迷茫中慢慢理清自己的思绪；同时，我们也可以看到，有许多热心的朋友，向我们伸出了双手……让我们来听听他们的声音吧！

一个人孤独地生活在陌生的城市里，除了寂寞还有什么？

一个人在外面就得独立，长大成人就意味着得对自己的生活负责，路要自己走。一个人来到一个陌生的城市，又是第一次出远门，那就注定要承受孤独寂寞！我要在孤独寂寞中好好地反省以前在大学里的生活，还得想自己以后的路该怎么走。要在孤独中学会思考，学会去承受。以前在学校里的生活是单纯的，到社会上来了什么人都有，你得学会和人打交道，得学会和人沟通，那都是最基本的！还有许多许多自己要学的东西！自己未来的路要自己去开拓！我的面前还有一段很长很长的路要走，虽然一个人有点艰难，但我年轻，一切都没什么大的问题。我相信我会克服，一定能够克服的！

所有的主意得自己去拿，因为我已经是大人了，前行的道路要自己去开拓，因为大了就该为自己的生活负责！在寂寞中承受孤独，在孤独中学会思考，在思考中变得成熟！

独自一人在陌生的城市，会有一种莫名的孤独萦绕在我们心头。对我们来说，陌生的城市就好像一间伸手不见五指的房间，刚开始的时候我们会害怕，迷茫和孤独无助，因为我们对这座城市一点也不了解，不知道自己该怎样走下去。但是只要我们坚持下去，不断地努力，随着时间的推移，我们一定会渐渐熟悉这座城市，孤独感便会逐渐减退，最终，我们一定会融入这个城市，在这里找到朋友，找到自己的位置。

在陌生的城市里，我们每一天都在为自己的生活打拼，为自己的事业努力地奋斗。我们长大了，也许很多事情是需要我们自己争取才可以得到。雏鸟长大了，飞离故巢，来到更加广阔的大森林。也许鸟儿很害怕，很孤单，但是鸟儿只要勇敢地向前飞，就一定可以找到属于自己的天空。我们其实也和鸟儿一样，鸟儿要离开森林去寻找幸福，我们要离开熟悉的城市去寻找幸福。

在陌生的城市里为自己的幸福奋斗，会觉得很艰辛，很漂泊，但请相信，总有一天你会成为这座陌生城市的主人，因为成功只属于努力奋斗的人，不要抱怨生活的艰辛，不要抱怨所有的一切，只需要坚定自己心中的信念。

用自己喜欢的方式来畅想陌生的城市吧。也许陌生的人、陌生的城市会成为永远难忘的回忆，会让你的世界很精彩。

初到长沙，呼吸着陌生的空气，看着身边匆忙走过的人群，陌生的面孔，陌生的街道，一切的一切是那么地陌生。对于陌生，我们都有与生俱来的恐惧，于是把自己封闭在只有几十平方米的公寓里。每天日出而作，日落而息，独自行走在孤独颓废的日子里。时光就这样一天一天从指间滑落，转眼间来到长沙已经有将近一年的时光了，回过头去发现自己对这个城市依然陌生。看看周边的同事，很羡慕他们的生活，于是告诉自己不要再这样生活下去，应该走出小屋，在这个陌生的城市找寻属于自己的天空。

一个秋日的午后，在网上浏览长沙饮食文化的帖子时，看到一个网站正在举办一个主题活动。我怀着一颗好奇的心前去参加了活动。在活动中才发现，原来在长沙这个对于我来说相对陌生的城市，有那么多和我有着共同爱好的朋友。共同的话题，共同的喜好一下缩短了我们之间的距离。在这次活动上我不仅交到了朋友，还品尝到了美味可口的佳肴。

其实，很多时候，我们和陌生人之间隔着一堵墙，墙上长满草，那草，一直长到我们的心里。但是这些活动和这些热心帮助别人的人，会让我们心里的草原开满花，不再荒芜。

陌生的城市，虽然也会让自己想哭，

陌生的城市，虽然也会让自己害怕，

陌生的城市，虽然也会让自己孤独。

可是，陌生的自己告诉我，生活的滋味，一直都是自己放的调料。坚强地走下去，一定可以找到幸福。

## 以下是摘自某论坛的聊天记录

**主帖一：**

一个人在一个陌生的城市，没有亲人，没有朋友，真的什么都没有。我突然觉得心里好难过。一个星期了，每天晚上下班回家都会心里酸酸的，想哭，就哭了。每天如此，真的好心碎。陌生的城市里只剩下孤单的自己，我该怎么办？

---

1楼

因为孤独而感到寂寞

因为陌生而感到冷漠

多出去走走，多结交一些朋友

常与朋友相聚，聊聊生活中的琐事

你就不会再感到孤单

---

2楼

不怕啦，学会忍受孤独，在孤独中思考，在思考中成熟，在成熟中升华。不要因寂寞而乱了方寸，而去做些无聊无益的事，白白浪费宝贵的时间。

---

3楼

在公司上班的时候，我总保持着最开心的笑容，但在每天四五十分钟上下班的坐车途中，总会不由自主地想家，想得流泪。明明很辛苦，给老妈打电话时只能说我很好，工作也很好。也许在这个城市里打拼的女孩子大部分都有过这样的感觉吧。

---

4楼

寂寞和孤独，习惯了就好。既然不能拒绝它，就试着去享受它。

**主帖二：**

一个人在这个陌生的城市，我好怕、好累、好孤独……

晚上我一个人流泪，有谁能看到，有谁能安慰我一下啊！

但是我知道这是我自己选择的路，不管怎样就是跪着我也要走完！

出来才觉得在家好，在家我可以跟爸爸妈妈撒娇，什么事也不用管。也不用想那么多，想干什么就干什么……有人疼，有人爱，可以毫无顾忌地做任何事。

在这里我又能跟谁撒娇啊！

我觉得好累啊！ 我现在每天晚上都睡不着……没有人能理解我，没有人了解我，没有人来安慰我，我很孤独很无助……

---

1楼

这是个过渡期啊！

---

2楼

孤单的时候进我们版里逛逛啊……

我们这边很热闹的哦！

---

3楼

你有什么事也可以飞语给我哦……能帮助你的我会尽量帮忙。

---

4楼

找朋友聊聊天啊，还不简单，有什么事情可以找朋友商量商量啊。

---

5楼

我也曾经跟你一样，这要有一个过程，适应了就好了。

---

6楼

嗯，有时候我也有这种感觉啊。人嘛，孤单感总是难免的……

**主帖三：**

一个人在陌生的城市里
每天碌碌无为
曾经的梦想飞逝在城市高空
一个人在陌生的城市里
生活平平淡淡
回到空荡荡的宿舍
好孤单
一个人在陌生的城市里
什么事情只能自己处理
找不到商量的人
没人说话
好累 好累

---

1楼

朋友，我将你的诗改变了一下，你可以用这样的视角来看生活：
我满怀希望去探秘这个陌生的城市
每天都有新鲜的事发生
不切实际的梦想是荒唐的

平淡的生活才是最大的奢侈

晚上没人打搅

回到出租屋子里

做空间的主人

好好享受着

让老板们羡慕的平淡

---

2楼

别灰心，你可以神清气爽走在这个城市的每条马路上，告诉每一个市民，我来了——未来的城市主人！

# 走出孤独的城堡

战胜孤独的重要一点，就是打开自己的心墙，融入群体，建立朋友圈。有一句话说得好：你只有在这个城市拥有了真正的朋友，这个城市才是你的城市。

**快速结识朋友的九个方法**

我们只有找到了朋友，我们才能战胜青春孤独。

俗话说："在家靠父母，出门靠朋友"。人生三大支柱：爱情、事业和友谊。通俗地讲，就是家、工作和朋友。可见朋友在我们一生中有多么重要。在这个世界上，我们寻找朋友，其实是在寻找自己的影子。"物以类聚，人以群分"说的就是这个道理。我们在陌生的城市，要结识真正的朋友，那么，我们自己必须先做一个值得别人结交的人。

其次，我们必须打开自己，展示自己，表达自己。要相信，你孤独，别人也孤独；你需要友情，别人也需要友情；你在寻找朋友，别人也在寻找朋友。

学习与人沟通，有一个非常重要和有效的检验方法——你自己的感受。只有让我们自己温暖和感动的感受才能感动和温暖别人。下面几条交友的方法，都可以用这个方式来进行检验。

在一个全然陌生的地方，我们首先必须学会表达自己的善意。因为，在陌生人面前所有人都会拘谨和戒备，善意表达便能够消除这种戒备心理。

（1）微笑是人与人之间最近的距离

即使你是一个不善言谈、腼腆的人，你也可以做到这一点。你可以直视对方的眼睛，展示你善意的微笑。相信，这个微笑会融化所有冰冷的气氛，消解戒备的高墙，因为我们自己也会常常被一个善意的微笑感动。充满善意的微笑是走近对方的最有效的方法。

（2）低调和谦逊是进入朋友圈的绿色通道

即便我们才华出众，能力过人，或者容貌出众，在融入一个陌生的圈子时，我们一定要放低姿态，谦虚随和。因为众多的眼睛正在审视着你，谁也不会喜欢一个恃才傲物、自高自大，目中无人的傻瓜，包括我们自己。当人们见识了你内敛的才华、能力和美德后，你的低调和谦逊会让别人更加喜欢和尊重你。

（3）倾听是重要的沟通艺术

在通讯发达，网络普及的当今社会，可以说是话语泛滥。人人都在表达和宣泄，在话语喧嚣之中，唯独倾听越来越少。想象一下，在网络论坛，大家争相发表意见；唱K抢麦，聚会抢话……所有嘴巴都忙于说话的时候，倾听的耳朵就变得极为珍贵。

所谓倾听，就是用耳听，用眼观察，用嘴提问，用心灵来感受。在多人聚会的场合，你不妨试一下，当众人抢着说话的时候，只要你的眼睛认真地注视其中一个人，认真和耐心地听他讲话——哪怕他滔滔不绝——并且，对他的话题予以回应，微笑鼓励，点头肯定，那么，你一定会赢得他的好感，给他留下深刻印象。这样的聆听远远比你发表高见更能引起他的注意。

当有朋友信任你，向你倾诉他的痛苦和烦恼的时候，你要学会耐心倾听。很多时候向你倾诉的朋友并不是一定要你帮他拿主意，而只是需要把积压在内心的郁闷找一个人倾诉，得到情绪上的发泄。这时候的你只要做个有耐心的听众，便是对他的安慰。

耐心地倾听是一种修养，也是对别人应有的尊重。如果你能再给一些中肯的建议和劝慰，则是自己在做人做事方面又得到了一种进步。

耳朵是通向心灵的道路。

会倾听的人到处都受欢迎。

（4）伸出助人的手，握到的是友谊

世界是一个回音壁，你付出什么，生活便会回馈你什么。你以爱心面对世界，付出爱，就会得到温暖；你以仇恨面对世界，敌对一切，结果必定是以牙还牙。

在陌生之地，我们寻求朋友，是因为我们需要友情的温暖、支持和帮助。那么，我们在日常生活中，首先要学会付出，付出温暖、支持和帮助，做一个乐于帮助别人的人。小到在公众场合，推开玻璃门时，为后面的人保留一会；大到尽自己最大的可能帮朋友排忧解难。因为我们自己都不会喜欢一个自私冷漠的人，不愿意和这样的人做朋友，别的人也会是这样的想法。2004年轰动全国的云南大学血案，马加爵因为不堪忍受室友的歧视和羞辱，愤而锤杀四人，当马加爵杀红了眼之时，却放过其中一个男生。在马加爵的遗书中，他说，放过这个男生是因为这个男生曾经打饭给他吃过，他为此生不能回报这个同学而遗憾。即使像马加爵这样心灵扭曲的杀人犯，内心也会珍藏别人给过他的帮助，为不能够回报而遗憾。想一想，帮助别人的力量有多么大！

（5）学会称赞别人

学会称赞别人，并不是无原则讨好别人。而是要学会发现别人的优点和长处，并给予称赞。人无完人，包括我们自己，但我们总是喜欢别人能够发现我们身上的优点，喜欢得到别人的欣赏和肯定。发现别人的优点一定比对别人吹毛求疵让我们心情愉快，并且，进入我们眼里的所有这些优点一定会影响到我们自己。称赞朋友的优点，一定会让朋友心情愉快，同时，这些优点会因为我们的称赞而得到强化，从而使朋友的品格得到提升。所以，学会欣赏和称赞别人，就是获得了友谊的通行证。

（6）自嘲的背后是自信

曾经有一个报道，说是某个大学汇演，一个男生上台独唱，没想到唱到一半高音吊不上去，突然就“劈”了嗓子，男生在哄堂大笑中狼狈退场，谁也没有想到他竟因此事自杀身亡。

青春年少，自我意识觉醒，我们的自尊心因为没有经过生活的锻打非常敏感脆弱。很多时候，仅仅是因为几句言语冲撞，自觉失了面子或落入尴尬可笑的境地，就会让我们崩溃、失控，甚至走上绝路。

我们在学习人际交往的过程中，时常会面对尴尬的局面。比如朋友一句不经意的话让我们失了脸面；登台演唱时突然跑调、失声；在一个重要的场合放了一个响屁，或者在很庄严的时刻竟然摔了个四仰八叉；一不小心裤缝“爆胎”；忘了拉前门拉链；正在演讲，却被告知门牙上有片菜皮……所有这些，常常会让我们尴尬不已，恨不能钻进地缝。奇妙的是，在这样的场面，我们越是介意，越是掩饰，越是面红耳赤，甚至恼羞成怒，只能让我们置于更加可笑的境地；反倒是，如果我们巧妙地调侃自己，在大家的笑声中尴尬也就消解了。所以成熟的人，会用自嘲来应对这种表面上丢失脸面的事情。

自嘲是自己调侃自己，反正已经尴尬狼狈了，不如自己先来调侃和嘲笑自己，取得大家一笑。自嘲不会伤害任何人，最为安全，你可用它来活跃谈话气氛，消除紧张；在尴尬中自找台阶，保住面子；在公共场合展示自己的人情味。自嘲是幽默的最高境界，只有豁达、乐观、机智的人才能够做到，而这样的豁达、乐观、幽默和机智一定可以为你的人际交往加分。

（7）做个热心的摄影师

在活动或聚会时你可以用手机为别人拍照片，然后可以很自然地问对方："你看你多帅（靓），让我把这个发到你手机上吧。"人都喜欢自己神采奕奕的照片，通常在这样的情况下，他们会很乐意将他们的手机号码告诉你，同时，也可以成为你们聊天的话题。这个方法容易让你有理由与他人接触，帮助你结交新朋友。当然，前提是你必须把对方拍得漂亮。

（8）用短信建立联系

在手机普及的现在，我们可以有意识地收集各类短信，比如幽默小笑话、节日问候词、健康知识、体育快讯、美容小窍门、生日祝词等信息，及时地发送给朋友们，建立联系，增进友情。

（9）走出去，参加社团活动

如果你想在一个陌生的地方结交朋友，你可以选择参加各类社团活动，比如瑜伽、唱K、交谊舞、乒乓球、羽毛球、爬山、骑行运动等，这些都是结识新朋友的好方式。因为你们有共同的爱好，又经常见面，就会很自然地交上朋友。

**如何处理好同事关系**

同事和朋友不一样。

朋友可以自由选择，物以类聚，但同事是工作环境中我们必须接受并与之相处的人。无论性情合不合，勤快或者懒惰、阳光或者阴郁、单纯或者圆滑、温和或者暴躁……我们都必须同心协力，做好工作，完成任务，达成业绩。

同事关系，有合作也有竞争，特别是会涉及升职和加薪等利益关系的事情。和同事交朋友的风险和好处如硬币的两面一样并存，如何与同事相处，才能在享受职场友谊的同时尽量把风险降低？

（1）诚心相对

用诚心换取诚心。工作小环境是我们每天生存其中的场所，这个小环境经营的好坏，直接影响到我们每天工作的心情，所以，我们必须认真经营，我们只有付出善意，才能得到善意；我们只有对人真诚，才能收获真诚。

（2）平等相待

在工作中，我们要保持人格上的平等。老员工对新员工的指导应该是一种友好的帮助，不能总是居高临下地指教；同事之间，既要表示诚意，也要保持自尊，不能无原则地一味迁就别人，变成受人欺负的“老好人”。

（3）要有敏锐的洞察力

初到一个单位，要多看、多听，了解小环境中的人际关系和同事的不同性格特点，说话干事不能仅凭自己想当然。在什么场合下，用什么方式谈什么样的话题都是很有讲究的，避免无意中伤到别人，结下芥蒂。

（4）不要过多谈论是非

不要在单位说人长短，搬弄是非，尤其不要谈论上司和其他同事的是非短长，更不要对公司的决策说长道短。这是职业素质的一种体现。

（5）不要搞小圈子

在单位，人际交往的原则是一切从工作出发，不要成天只跟少数特定的几个人交往，这样容易让人产生“小圈子”的印象。有时候，小圈子会让你有归属感，会给你带来某些特权和优势；但反过来，有时候，小圈子也会让你无端卷入人际纠纷的漩涡，给工作带来负面的阻力。

（6）不要回避竞争

在职场，竞争在所难免，即使是朋友之间，也要把竞争看做是正常的、积极的、任何人都无法回避的客观事实。竞争能提高工作效率，参与竞争能促进自身能力的提高。我们要谦让但不退让，建立良性竞争的正面心态。

青春孤独就像一条宽阔的河流，湍流汹涌，河对岸就是我们梦想中丰美的水草地，我们身在河里，唯一能做的便是奋力向前泅渡。只有接受孤独，我们才能战胜孤独。我们只有在孤独中前行，才能够明了它对于人生的重要意义；我们只有适应孤独，在孤独中得到成长，我们才能够超越孤独，甚至享受孤独。

# 从贫穷中获取力量

REN SHEN MEI YOU GUO BU QU DE KAN

# 艰难的起跑线

转型时期的中国社会，贫富差距逐渐拉大，“富二代”、“贫二代”、“新生代农民工”、“蚁族”、“跑腿族”、“拼二代”、“愤二代”……一个个急速刷新的热门词语，以撞击公众敏感神经和刺痛社会软肋的“另类”话语，为我们形象而精准地刻画了当下新一代年轻的职业群体成长的生存状态。

**蚁族**

有这样一群人：每天早上争分夺秒地挤公交车坐地铁，为了上班不迟到；每个工作日能不请假就不请假，为了能拿到全勤奖；几个人合租一间房子或居住在较偏远的房租较低的地方，为了能省下更多钱——但是这些并没有束缚他们的梦想。

这就是今天生活在大都市角落里的所谓“蚁族”。他们像蚂蚁一样，生活清贫艰辛，但勤奋而坚强。奋斗的信念支撑着他们坚强勇敢地向前走，对未来生活的美好憧憬是他们前进中的最大动力。

## 贫二代

贫二代，是指那些在改革开放中尚没有致富的人的子女，包括农民工、企业普通职工子女等。社会贫富差异在他们内心产生强烈冲击，他们对于现代化都市的生活非常渴望，想改变自身命运的希望非常强烈。

据学者调查研究，中国社会的“蚁族”中50%以上来自农村，20%来自县级市。也就是说，七成以上的“蚁族”来自农村和县城，来自省会和大城市的“蚁族”不足7%。他们是典型的“贫二代”，他们中很多家庭年收入不超过5万元人民币。一个“贫二代”大学生身上肩负着全家的期望。

## 新生代农民工

新生代农民工系出生于80年代以后，在改革开放下成长起来的新一代群体。与传统农民工相比，他们离开校门后基本没有从事农业生产劳动的经历。新生代农民工与老一代农民工在就业观念、生活方式的选择上表现出很大的差异，他们由父辈们的进城挣钱回乡发展，向进城谋职融入城市生活转变。在融入城市的过程中，新生代农民工面临技能偏低、缺乏住房和难以落户的障碍。

造成“新生代农民工”内心痛苦的原因是多方面的，排在首位的则是身份问题。他们是工人，却又被冠以“农民”的头衔，双重身份使得他们既对农务农活缺少了解，又不能像城市“纯正”工人那样享受福利。他们比父辈农民工的教育程度高，职业期望值高，物质和精神享受要求高。他们渴望融入城市社会，他们大都怀揣着梦想，希望有所作为，试图改变自己的人生，实现自己的价值。但现实中的种种藩篱又让他们大都成了既融不进城，也回不了乡的“边缘人”。

所有这些离开父母，离开家乡，进入城市，走入社会和生活的年轻人，在人生起步阶段，被生活的困境碰得头破血流，被生存瓶颈挤压得难以喘气；他们努力想改变现状，改变自己的命运，却苦于找不到出路。种种矛盾心理使他们备受痛苦的煎熬，甚至失去了对生活的热情和信心，于是，焦虑、忧郁、愤懑、自卑，一切负面的情绪都涌上心头，孤独戒备、怨天尤人、自暴自弃、所有不良心态充满了身心……孤独奋战的他们，无人倾诉，只有将痛苦宣泄在互联网上：

我对任何事情都充满忧虑。我担心自己生病，因为没有钱医治；担心自己不断地掉头发；担心自己可能永远无法赚到足够的钱娶老婆；担心自己因为没钱买像样的衣服而给别人留下不好的印象；担心同学们老是在背后嘲笑我。我的内心充满了紧张感，就像一个没有安全阀的锅炉，压力终于到了无法承受的程度，突然爆发了——我彻底崩溃了。

——南京

毕业许久，我依旧是我，住在这座都市里的村庄，生活在一群与我一样的人中间。我们脆弱但强悍、无奈却乐观、敏感又坚韧、强大而卑微……我们很贫穷，唯一拥有的就是心里那一点梦想。我们相信现实可以改变，或许就在明天……

父母已经开始催问我这两年攒了多少钱，够不够在北京买小房子？什么时候能找个媳妇？我觉得这些连想都不敢想，可我爸妈不能明白，我也不想让他们知道。

——北京

爸，昨天你问我存了多少钱，我说八千多。你有点儿不高兴，说工作都大半年了，三千二一个月，怎么也得存一万五，我没敢吱声。其实，我一个月才一千块钱。

——成都

我82年的，03年计算机本科毕业。漂泊多年，现在深圳福田一个城中村租了一个10平方米的小单房，目前还是单身流浪汉，还不知未来会在哪里。

——深圳

因为毕业时的一个巧合，刚出来打拼就接触到了房地产这个行业，以后所换的四份工作都与此有关。2008年3月第一份工作，每个月只能领到600元钱，生活还要家里补贴。爸妈还叹息四年大学白念了！

——郑州

来上海，就是为了有所作为。我也希望把家安在这里，每一年春节都快快乐乐地和家人团聚。但目前对我而言，像是一个很遥远的梦。

——上海

宁要北京一张床，不要家里一套房。其实，我想回家，但我不知道如何跟父母交代，读了四年大学，在北京打拼了三年……

——北京

上班在高新企业，吃住在城中村，这叫白天不懂夜的黑。

——西安

年轻的朋友，不管你属于上面几个群体中的哪一个，其实，想一下，在当今中国人均拥有财富的比例中，真正属于“富二代”的应该是极少数，80、90后人群中绝大多数都是广泛意义上的“贫二代”。

无论我们是来自乡村，还是来自校园，在走入社会的起跑线上，作为个人财富积累和工作技能积累，我们都是从零开始。可以说，除了极少数“富二代”外，所有初入社会的年轻人都必须经过一段艰难困苦的时期。这是每个人必经的人生经历。如果我们将所有我们羡慕不已的成功者们的生命时光倒过来看，我们就能够明白这个道理。

我们熟知的香港第一富豪李嘉诚，幼年生活在战乱时期，十四前后，全家逃难到了香港，没想到父亲病重去世，一家人生活顿时没有了着落。十四岁的李嘉诚是长子，为了养家，他到一家公司去当扫地端水的小工。晚年的李嘉诚回忆说：十四岁，穷小子一个的时候……我知道我必须赚取足够一家勉强存活的费用……我一方面谨守角色，虽然我当时只是小工，但我坚持每样交托给我的事做得妥当出色；一方面绝不浪费时间，把任何剩下来的一分一毫都购买实用的旧书籍……

“台湾经营之神”、已故的台塑集团创始人王永庆的成长，同样经历了贫穷而缺乏传奇的童年。王永庆出生在一个贫穷的小山村，家里靠种茶为生，全家人劳劳碌碌也只能勉强度日。王家贫穷，每次炒菜，王永庆母亲都只能放一滴半滴的油，全家称那是“骗骗锅”。

童年的王永庆其实没有任何特殊之处，甚至比多数同龄人都还不如，那时的王永庆一心想的只是如何赚钱补贴家用，心思根本不在学习上。15岁那年，他毅然决定离开家乡，开始在别人的米店做工，一年后借款200元开了自己的米店，经过一点一滴的积累和多次创业失败的打击，1954年，王永庆终于创办了后来成为台湾经营奇迹的台塑集团。

著名的新东方学校创始人俞敏洪是一个地地道道的农民儿子，高考数次落榜，因为贫穷，在复读的同时，他还要务农、代课，终于在第三次高考一举考取北大西文系。1991年，他勇敢地抛弃了工作，开始了艰辛的创业。几年后，新东方学校从“星星之火”发展到“燎原之势”。

蒙牛的老总牛根生，出生时家贫，父母以50元把他卖给别人。牛根生的养父是个放牛的，养母曾经是国民党高官的姨太太，在当时备受歧视。这样的家庭，无法为牛根生提供正常的教育和安逸的生活，牛根生很小就跟养父一起去养牛谋生。

我们大家都熟知的英国女作家J·K·罗琳，她凭借《哈利·波特》系列小说缔造了当代出版业的销售神话，同时也使她自己成了财富超越英国女王的超级富婆。然而罗琳在采访时透露，在她没有成名前，她的生活曾经一度穷困潦倒，在极度抑郁绝望之下，她曾经考虑过自杀，但她在接受心理咨询后终于熬过了生命中最艰难的日子，并走向了今天的成功。

1994年，她刚刚离了婚，独自带着年幼的女儿杰西卡。当时罗琳处于失业状态，她的失业救济金刚刚能够支付房租，而600英镑的租房押金还是罗琳的一个朋友帮她支付的。走投无路的罗琳正是在那幢狭窄的平房中写出了她的第一本《哈利·波特》小说。到了冬季，由于小屋中没有暖气，罗琳便推着婴儿车跑到附近一家咖啡馆边取暖边写作，手头拮据的她只能点一杯咖啡。由于生活穷困潦倒，令单身母亲罗琳陷入了极度的沮丧之中，心情抑郁的她一度考虑自杀。罗琳说："我从来没有为自己曾经抑郁沮丧而感到羞耻，从来没有。有什么好羞耻的呢？我度过了一段真正艰难的时光，我非常骄傲我能脱离那种生活。"

罗琳要求年轻人在面临生活挫折时永远都不要放弃希望。

## 贫穷不可怕，可怕的是贫穷心态

缺钱是一种经济状态，贫穷是一种心理状态。

贫穷并不可怕，生活上的贫穷可以通过自身的奋斗去改变，可怕的是贫穷带给人们的种种心理问题。一个充满贫穷心态的人是很难在现实生活中活下去的，更谈不上改变命运，取得成功。

其实，穷与富是相对的，在比尔·盖茨面前，我们都是穷人；在非洲难民面前，我们却是富翁。很多时候，我们为贫穷自卑、焦虑、愤怒，甚至绝望，是因为“成功饥渴症”的折磨。

我们进入都市，看到都市的繁华表面，社会贫富差异在我们的内心产生强烈冲击，我们太急切地希望能够在城市生活并成为其中的一分子，这种想改变自身命运的渴望非常强烈。但是由于父辈的贫穷，无法真正帮助到我们，我们渴望的生活与现实反差太大，以至于我们常常希望能够一夜成名或迅速暴富，从而改变自己的命运。

“成功饥渴症”其实是渴望成功心理在职场中的负面表现，这是以一种功利心、物质欲主导的“赌博式”成长观。怀抱这样心态的人，会极度崇尚金钱，关注物质，他们忧虑前途，想改变现状，却怠于学习；他们缺乏耐心，不愿安静下来用几年时间踏实地做一件事，而极力地去寻找“财富速成班”，或坐上“高速电梯”，直达目标。

有一位青年在网上这样说：

要迅速发财，按道理，做股票比较好，但是我又没有那么多钱。怎样才能既轻松又容易地像股票升值一样坐地收钱呢？我实在不愿意耗费体力去做实业、推销什么的苦活，办实业，做经销代理的人都很“长征”的，创业阶段免不了吃吃“皮带”，喝喝“野菜汤”，勒紧裤腰带过日子，我才不那么傻呢。思量了几天，有一天我路过一个彩票亭，我实在抵挡不住诱惑——报纸上曾登过有人一下子买了5万元的彩票中了头奖的报道，头脑一热，我将手上所有的钱用来买彩票了。结果，颗粒无收！

这样的心态其实正是贫穷心态。

将这种贫穷心态发挥到极致的，便是马诺的名言：“宁愿坐在宝马车里哭，也不愿坐在自行车后笑。”

与“成功饥渴症”不同的另一种贫穷心态是自卑、焦虑和抑郁。

贫穷者的人格特质是导致焦虑抑郁心理产生的重要因素。尤其是当“成功饥渴症”在现实生活中被屡屡挫败后，焦虑和抑郁就会产生。贫穷心态人格特质表现为自卑、内向、谨慎、情绪不稳定，参与社会的程度较低等特征。

心理学家经研究发现了一个很有趣的现象：当人们对一件事情很渴望，但是觉得自己没有办法解决的时候，往往会产生一种厌倦的情绪，实际上，在内心深处，他还是很渴望的。这种表面上的厌倦，实际上只是一种逃避，或者说，是因为恐惧再次失败而给自己寻找的借口。

抑郁是贫穷者心理问题较严重的方面。很多人由于自卑从而导致自轻、自贱、自我鄙视，对自己持有完全否定的态度和情感体验。他们缺乏生活的积极性和主动性，抑郁孤僻，自我封闭，丧失挑战困难的勇气和信心，缺乏人生理想和生活目标，消极地对待人生，消极地看待生活中的一切，严重的还会导致对人生的彻底绝望。

不是这个世界不公平，而是贫穷者的方法不正确。当面对困难和挫折的时候，积极寻求解决问题的方法是改变现状最好的途径。抱怨永远不会有好结果，也不会获得人们的同情，抱怨别人其实就是抱怨自己、放弃自己！到底路在何方？路在脚下。只要你有了正确认识问题的心态，只要你有了积极改变的决心，没有解决不了的问题。

## 好样的“拼二代”

《蚁族之歌》：

什么地方是我们天堂，什么地方是我们梦想，什么地方是我们的希望，什么地方让我们飞翔；什么地方有我们家乡，什么地方有我们梦想，什么地方有我们希望，什么地方让我们疯狂。我们虽然没有什么，可是我们依然有坚强，我们虽然没有什么，可是我们依然还在幻想，我们虽然没有什么，可是我们依然有力量，我们虽然没有什么，可是我们依然不怕冷落……冷落！

一首《蚁族之歌》曾经唱哭了政协委员。

其实，不管是“蚁族”也好，“贫二代”也好，还有“新生代农民工”，我们所经历的是一个民族的成长所必须要经历的阵痛，是每一个人走向社会、走向独立所必须经历的历练和考验。

社会学专家指出：贫富分化严重，这是市场竞争中必不可少的一个阶段，但随着社会阶层之间的频繁流动，贫二代只要励志图强，同样可以在工作中积累社会资本，能够在竞争中出人头地。

80、90后年轻人，作为一个成熟的公民和社会人，对于各种不美好的社会现象，应该有理性的判断，才不会流于愤世嫉俗，才不会以发牢骚为快，才不会遭遇挫折就灰心丧气。再完美的社会都有不公平的瑕疵，再不公平的社会穷人也可以出头。在我们身处的这个还不完美的社会里，“贫二代”既然不可能在畸形的“拼爹游戏”中获胜，就理所当然要努力成为“拼二代”。

对于社会上“贫二代”的看法，广东的一些“贫二代”表示：我们在钱财上是贫困的，但是我们在精神上却并不贫困，我们不需要同情，只需要理解，我们要成为“拼二代”！

好一个“拼二代”！

80、90后是在改革开放的春风里成长起来的一代，他们没有经历过他们父辈们曾经的贫穷与艰辛，然而，面对堵在他们人生道路前面的问题，可以说在短时期内是不可能得到解决的，但是，这些群体中的年轻人面对人生瓶颈和困境，做出了他们的思考。

谁都曾经青春年少，谁都有困苦无奈，谁都有穷酸贫贱，谁都有惶恐无助，这些是年轻的附加题，这是一个艰难的过渡，也是一个必然阶段。不少“蚁族”表示：从表面看我们很苦，其实那是打拼的过程，人生的经历本就包括艰难和辛酸，条件差正是艰苦奋斗的起点。

年轻的“拼二代”，他们心中总是涌动着无限的激情，他们总是希望能够干出一番惊天动地的事业。于是，在创业路上，怀抱美好的愿望，他们风雨兼程，不怕任何的困难。“拼二代”的年轻一族，尤其是80后的一代，总是被人冠上“一群不怕输光的族群”，他们有比其他族群占优势的地方，如掌握趋势流行的敏锐度会比一般族群高，大胆创新、思想灵活以及“年轻”等，都是他们的本钱。

他们更是多在网络上探讨。

**主帖：**

想必大家都玩过超级玛丽这个游戏吧！能够只用一条命闯过所有

关卡的人毕竟是少数，大多数人都看不到最后一关是啥样就死光了。蚁族，你能闯过几关呢？让我指出你们要面临的一些问题！

第一关：就业问题。能否找到一个好工作，还是只能凑合着做一份收入低、不喜欢的工作。

第二关：收入问题。好不容易找到了一份工作，但是工资不高，你的收入太低，入不敷出。

第三关：婚姻问题。首先，我要恭祝各位蚁族同志，你们已经连闯两关了，很多人在前两关就已经惨遭淘汰！不过这一关将决定你们以后的生活，所以要谨慎哦~~~好不容易攒了几年的钱，一结婚就全完了，并且，结婚后你们花钱的速度一定是1+1>2。

第四关：孩子问题。我想这一关一定会死掉90%的人。孩子出生后，意味着你们夫妻之间必须得有一个人下岗照顾孩子（多数是女方下岗，男方打工）。

第五关：健康问题。即便你闯过了前四关，这一关你总得面对吧？！由于长时间处于一种压抑的环境，你的身体很可能会出现问题。

第六关：养老问题。由于上述一些关你已经闯过了，所以这个时候你基本上已经没有什么储蓄了，外地户口的养老金又不是很多，而你的孩子依然在重复着你的生活，在一线城市辛勤地忙碌，所以不能照顾你。你将非常孤独。

---

1楼

那请问一下楼主，你现在已经闯过五关了？

这不是说蚁族的下场，人生本身就是在闯关，闯关成功是人生的每一个阶段努力所在。

---

2楼

蚁族们不是说闯不过，只是说闯过时间的长与短而已！有些人开外挂，当然一帆风顺。

3楼

但是大多数蚁族都凭的是技术，凭的是脚踏实地！

就想《蜗居》里的一句话——不靠天，不靠地，靠的是我们自己……

4楼

蚁族兄弟姐妹们，你们的感受我很能体会，因为我也是在外谋生的，特别是在大城市，想有自己的一片天空，很难啊！虽然我已来上海十多年了，但现在还是一无所有，那些工资的微涨实在是无法与物价上涨相提并论。

所以，兄弟姐妹们一定要坚强啊，另外社会永远是不公平的，没有一种社会制度是公平的，所谓的公平那是乌托邦，要想得到公平，需要我们自己去努力，去奋斗！

5楼

在这不公平的世界里，我们谁也不要埋怨，谁也不要去怪，怪只怪我们出生在这个年代，在这大发展的时代，有可能我们就是试验品！

有机会我们大家要联合起来，一定要联合起来抗争！

# 一个新生代农民工的故事

我叫刘永，是80后的新生代农民工。

我的家乡是一处偏僻的农村，我在我十八岁以前是没有走出过那个村庄的，我从小不知道山外的样子，最远处只到过我们的县城，但是我自小的兴趣很多，我喜欢写作，喜欢画画，喜欢武术，并顺利参军，这一切都让我觉得我风华正茂、前途一片光明。

但现实生活总与我们的梦想有所差异，我们的部队编制被裁了，我又回到了贫穷的故乡，我本来谈婚论嫁的女朋友也因为我没有房子离我而去。故乡没有出路，在走投无路的情况下，我随着打工大潮来到深圳打工。当我一个人站在深圳的街头，两手空空，无依无靠，宛若沧海一粟。一个退伍兵没有技能，没有文化，能做什么呢？痛苦的抉择之下，我俯身找了一份保安的职业。

时间若流水，在繁重的工作压力，沉重的生活压力之下，所有的梦想与理想都随着岁月的流逝越来越模糊。在深圳近千万的打工大潮之中，一个人只是一滴水。我陷入了长时间的思考。我想，在深圳能得到什么，我又能为深圳留下什么？当我十年八年的打工岁月过去时，我摊开手，能有什么？在痛苦的思索之后，我开始继续我的写作与指画创作。我们只是一个很小的物业公司，全体人员二十人却挤在三个十几平方米的宿舍。没有条件，我便在楼道的感应灯下去读书，感应灯要一边咳嗽才不致熄灭。在明灭的感应灯之下我自学考取了高级保安员资格，我创作了数本长篇小说的书稿，并在感应灯下不足三平方米的地方，趴在地上画了近千米以大鹏为主题的指画长卷《鹏城赋》。我的生活本来就很拮据，因为我要读书画画过得更加艰辛。

我的老婆跟我到深圳这么多年，我从来没带她出去玩过，在刚结婚时，唯一一次挤车去到世界之窗，但一百二十块钱的门票却让我们望而却步。她怀孕的时候一直想让我买个MP3给她听音乐做胎教，但是我一直没能满足她，直到后来深圳电视台《第一现场》来采访时记者得知，送了她一个。我自己在深圳这么多年，很少有朋友，因为朋友之间的应酬会影响我画画的资金。我在坚守，做我现在能做的事，喜欢的事。有时候也有人问，你写了那么多书，画了那么多画，又不出，又不卖，又不能让你的生活有所好转，到底是为什么呢？

我们的幸福与金钱有关吗？如果有关，为什么有钱的人并不一定幸福？

我们一定要成功吗？如果要成功，什么样的成功才算成功？

关乎一心，存乎一念。如果我自己认为我写作画画是快乐的，我清贫却能得到孩子老婆的爱戴，我觉得我是幸福的。在深圳这座城市，幸福要自己创造，金钱不是唯一的目标。

十年八年的打工生活过去以后，当别人伸开双手什么都没留下，但是我有数百万字的书稿，近千米的指画长卷。这便是我的收获，这些都让我觉得我的日子不曾虚度过。

成功不是刻意的，因为有很多事是付出并不一定得到收获的，但成功一定是青睐有积累有准备的人。

我默默的坚持得到了回报。2008年，我在单位的推荐下参加了深圳市外来青工文化节，我凭借着刻苦在水泥地上练就的技法现场指画获得了银奖。我当场展示的一幅指画作品被一位收藏家看中，愿意出两万块钱高价收藏我这幅画。两万块钱对我来说是天文数字，我打工这么多年从来没有想象过有这么多的存款！怀孕八个月的老婆支持我将钱捐给了当时的重灾区汶川，为孩子积福。深圳电视台《第一时间》、《抗震救灾、深圳有爱》、《晶报》等将我的事迹作为赈灾专题进行了播报和转播。深圳市物业管理协会也把我的事迹作为先进事例在全市行业内宣传。我因此荣获“感动深圳爱心大使”、“优秀保安员”等荣誉称号。

在2008年由深圳与四川联合举办的首届全国农民工诗歌大赛上，我以一首《深圳——农民工的时光志》诗歌获得了二等奖，作为写诗特长人员而招调入户深圳，这是开全国之先河。

在2009年的“五一”期间，深圳市外来青工文化节与深圳市美术馆联合为我举办了《刘永指画书法汇报展》，开创了市级美术馆为一个农民工打工仔举办画展的先例。

在今年的四月二十三日“世界读书日”期间，中央电视台读书频道为我拍摄了专题报道，播放后在全国引起了强烈的反响，并获本年度的书香中国书香人物。今年十一月份将由市读书月组委会与图书馆为我举办艺术展。

这些都是我在当初选择写作画画不曾想到的。我只是想让自己觉得日子不曾虚度，我只是降低了我的幸福指数。但是因为你的坚守，你的积累，因为你的付出，你总会被一个城市认可。命运公平地对待每一个人，世间自有公道，付出总有回报。种树不一定能得到果子，但不种树绝对得不到果子。我们不一定非要成功，但我们一定要为成功去努力。我不知道我以后会做什么，但是我一定会尽心做好每一天的事。只要你做好每一件小事，就像积攒一滴滴的水一样，将它们汇成河流，积成大海，就一定可以改变我们的人生。

既然注定柔弱，何不让他坚强！

## 一个“穷爸爸”给儿子的一封信

2009年9月，一个农民工给12岁儿子的信在网络上广为转载。张兵写下这封信的时候，没有想到他这个“穷爸爸”、一个农民工的这封信，将对整个80、90后一代年轻人产生深远的影响。

亲爱的儿子：

再过几天，就是你的十二岁生日了。十二年弹指一挥间，我和妈妈看着你一天天长大了，懂事了。我们很欣慰，好孩子，在这里，爸爸祝你生日快乐。

爸爸永远也不会忘记，1997年，那个刻骨铭心的秋天。那年香港回归，豫西山区经历了半个世纪来从未有过的干旱。我们的儿子就是在那华夏大地经受考验的一年出生的。那时，爸爸刚从部队回来不久，家徒四壁，一贫如洗。爷爷奶奶没有为我们创造下任何财富，就连温饱问题也是刚刚解决。当时为了结婚，我们已经是负债累累。为了省钱，那年8月，你年迈的祖外婆提前就住在咱们家里，等着为你妈妈接生。可你妈临近预产期都半个月了，你还没出生的意思。爸爸着急了，妈妈着急了，我们拿着东拼西凑的盘缠，到县医院检查。医生说是“傍月”，建议要马上住院。住院，天呀，钱在哪里……无奈之下，爸爸到乡信用社，贷了1000元款。我清楚记得，按当时政策，又扣下100元的利息，仅剩900元。

……在医院的日日夜夜里，我和你三姑奶，就拉张席子，睡在地上，你妈妈肚子上的伤口疼得厉害，浑身冒汗，打了杜冷丁才勉强止住。半夜里，你哭闹不止，不吃不喝，第二天，把儿科的大夫找来，人家说是新生儿肺炎，需要住院。那些天，爸爸抱着你，楼上楼下两头跑，你姨来了，你二姑奶也来了，轮流侍候着两个病号……

好儿子，你如今长大了，我们要学会感恩，感恩每一个人。知道爸爸为什么自己的房子先不装修，把钱借给咱们的亲戚家吗？因为，在我们最困难的时候，是他们一直在默默帮助着我们。在城里住院期间，你二姑奶、大姑奶都千方百计送钱给我们。当时你的外婆瘫痪在床已经22年，别人给她的600元钱也让你舅送到城里。从城里回来，王家庄你祖外婆当时已经年近八旬，天天像一个老保姆一样，无怨无悔伺候着你妈妈。为什么逢年过节我总要拿一些钱给她，我们其实是在报恩，是一种用金钱也诉说不清的情感在纠葛着爸爸。这是亲情债呀，需要我们用一生去偿还的，我们一定要知恩图报。

从医院回来，别人家的小麦都种上了，咱们家当时穷得连牛都买不起。地里家里我一个人连轴转，是你姨夫赶着牛，把咱们家的地一块一块犁出来，帮着种上小麦。所以说，爱自己首先要爱别人，包括别人的一切，老人，孩子，这一点，你做得比较好，要教育妹妹学会这一点，并且要做到这一点。

因为贫穷，爸爸学会了坚强，因为苦难，爸爸必须要奋斗。你满月待客的头天晚上，你叔叔从洛阳回来了，为了生计，他当时到洛阳一个工地给别人打小工，一天要干14个小时的活，每天15元工钱，一般早上4：30就要起床。在那里干了将近一个月后，他第一次回家，人瘦得不像样子，老板给他发了260元钱，他给家里留下220元，待完客的当天晚上，他趁着夜色又走了。当时，望着他那瘦小的背影，爸爸再也抑制不住自己的泪水……为了还债，在你还没满月的时候，爸爸也打起行囊，远走他乡。

儿子，生日是什么，生日其实是母亲受难的日子，是我们应该面对母亲，面对亲友感恩的日子。生日又是我们生命中的一个重要的里程碑，表示我们已经长大了。十二年过去了，爸爸和妈妈已经变得不再年轻，风风雨雨的日子里，我们一步一步挺了过来。知道爸爸为什么希望你们争气吗？因为，我们除了奋斗，别无他求。爸爸很欣慰，你叔叔终于走出了闭塞的大山，白手起家，如今拥有自己的工厂，自己的小车。“只身打工去，携妻还乡来”，成为方圆十里八村年轻人的楷模。爸爸通过奋斗，在城里拥有了自己的房子，有了自己的事业。不远的将来，城市对我们来说不再是一个匆匆的驿站，我们将是一名真正的城市的主人。那么，明天的主人，我们今天应该准备些什么呢？

儿子，苦难对强者来说是一笔宝贵的财富，对弱者来说，是前进的绊脚石。今天，你们这一代，“苦难”这堂课是离你们越来越远了。在那偏远的乡村里，爸爸几乎是第一个买回大彩电，第一个买回洗衣机，电冰箱，摩托车，电动车，第一个把互联网融入家庭生活，第一个把孩子送进城里上学……爸爸一直在纳闷：为什么现代化的生活离我们越来越近，而我的孩子的想法离我们的初衷却越来越远呢？和别人的孩子比起来，到底还有哪些方面不能满足？为什么有时候为了看电视和大人争频道会面红耳赤；为什么有时受一点小小的委屈会半天挂在脸上不说话；为什么有时和父母说话的口吻是那样地叛逆？是我们做错了，抑或是不懂这代人内心的世界？曾记得多少次：夜幕降临了，饥肠辘辘的我背着你饥肠辘辘的叔叔，走在崎岖的羊肠小道上，去迎接你的奶奶放牛回来。哪怕她口袋里一个野果，对我们来说也是充满着无穷的诱惑；那一半野菜一半粗粮的晚饭，稀得能照见人影，对我们来说，依然是那么地香甜。那个时候，我们去抱怨过谁？当别人家的孩子抱怨白馍不好吃，鸡蛋不香时，我们却在想，这两样东西对我们来说，简直就是一种奢望。今天，别人有的，我们也有了，别人没有的，我们也有了。我常常在想：任性、偏执的你们能否改掉身上的这些毛病，学会包容和微笑，以宽广的胸怀接纳一切呢。

儿子，爸爸和妈妈为你感到骄傲。因为我们的儿子很争气，功课很优秀……十二岁了，我们要给自己的人生一个好好的规划，再过一个十二年，爸爸妈妈将年近半百，廉颇老矣！到那时，我们什么也不可能给予你们了，反倒是要向你们索取的时候了。人生能有几个十二年？而决定终身命运的，又有几年呢？所以说，我希望儿子从初中到高中，心中要存着一个远大的梦想，一个宏伟的目标。拿破仑说过："不想当将军的士兵，不是一个好士兵。"我相信我的儿子：从现在起，我们就要努力做一名"将军"。

好儿子，我们不仅要有一个好的学习成绩，一个健康朝气的体魄，同时也要有一个良好的心理素质，未来的就业压力会越来越大，我们要养成一个活泼开朗的性格，一个越挫越奋，越挫越勇的性格。到时，"我的朋友遍天下，一切困难脚下踩"……

最后，愿我的儿子步步为营！

老爸

2009年9月 26日凌晨1时43分

# 如何摆脱贫困心态

## 一、建立正面心态

我们要接受自己是“贫二代”的低起点，承认自己的财富和工作技能、工作经验的零积累，同时，对自己的未来充满希望，相信和认可自己存在的意义。我们懂得贫穷不可耻，可耻的是贫穷却不思改变，或把改变命运的责任推卸给社会。我们明白必须从贫穷中获取力量，当一个人一无所有的时候，他唯一可以依靠的就是他自己，必须为自己的命运负责，并且相信自己有能力扭转命运。我们承认社会不可能绝对公平但会欣然接受，我们坚信种树不一定能得到果子，但不种树绝对得不到果子。我们不一定非要成功，但我们一定要为成功去努力，即使遇到障碍也不能放弃。我们不能光指望着得到别人的帮助，因为上天只帮助会自助的人。我们要学会拥有博大的心胸，很多时候，不是世界太小，而是我们的心不够大。

## 二、停止抱怨

从这一分钟开始停止抱怨，因为抱怨唯一能带给你的，就是工作和生活中的坏心情。一味抱怨，其实就是逃避奋斗和努力，把成长的责任推给社会，最终浪费了自己学习和成长的时间。不要和一群同样郁闷的人一起控诉社会，控诉老板，这帮不上你，只会让你更消极。和那些比你强的人打交道，看他们是怎么想的，怎么做的，学习他们，然后跟更强的人打交道。所以，如果想获取更好的待遇和职位，停止抱怨，学会如何面对挫折和困难，因为机会总是留给做好准备的人。

### 三、抑制欲望，积蓄能量

如果我们的消费欲望超过了我们的收入，我们不但在心理上会永远觉得自己贫穷，并且，在实际生活中也永远不能脱离贫穷的状态。职场中的“月光族”就是处在这样一种生活状态。

理财观念很重要。我们要根据收入来安排生活。你要将你的收入分成几个部分，哪些是生活必需，哪些是用来应急的存款，哪些是用来投资的。一旦确定就严格记账，准确执行，不必要的开支完全去除，靠自己的能力去积累最基本的财富。不管钱多钱少，总是要这样规划，即使用来投资的钱不多，也培养了投资的意识和习惯，这是将来最重要的习惯之一。同时要想尽一切办法合理地增加自己的收入。

### 四、要设定个人的职业目标

没有规划的生活就像一只在大海中迷航的船，即使你花再多的精力也不会到达目的地。要充分了解你所在的职业，然后做出一个实际的、靠谱的职业规划。规划可以分为长短期。短期目标就是你当前的目标，所以，必须弄清楚，为了这个目标你应该学习哪些技能？你应该锻炼你的哪些素质？时间不是拿来玩的，而是拿来学习的，你要充分利用你的时间来锻炼自己，争取晋升机会，一旦你具备素质，你晋升的机会就会大大增加。当你有着良好的职业规划，你就能掌控你的工作，而不是被工作牵着走。

21岁的小张是福建沙县人，在南京的一家沙县小吃店打工，用自己的双手做出最纯正的沙县小吃，招待客人。

“年轻的时候都会有梦想吧。”小张说，他上初中的时候，就曾梦想过挣好多好多的钱，当时在他的想法中，挣钱是多么简单的事。后来，由于自己成绩不好，中学毕业后就不再上学，而是跟着家人四处去打工。年纪轻轻的他已经去过中国许多大的城市：深圳、北京、广州、上海……经历了这么多年的磨炼，小张现实了许多，也多出了几分和年龄不相称的成熟。“就这么干下去吧。”小张说，“要说梦想，那就是自己开一家沙县小吃店。”小张笑了笑，“这个目标应该还是切合实际的。”

### 五、为机会到来做好准备

社会进步，希望在前。全国许多省份的大城市都在为新生代职业人创造条件，只要有能力和专长，都是融入都市的有利条件。都市，向所有有志青年张开臂膀。

广东省实行积分制入户政策，从2010年起，深圳市进一步调整技术技能人才的引进政策，积极吸收优秀农民工入户。

#### 深圳首位招调入户的农民工杨广

外来农民工入深户的群体中，杨广是个名人。他是深圳市第一个招调入户的农民工。

2004年，怀揣高级电工证书的杨广顺利调入深圳。现在，杨广能够亮出的证书一大摞：电工证书、电梯安装维修证、电工作业证书、中级电工证书、高级电工证书、技师、高级技师及机电专家证书，等等。

1998年，杨广高中毕业后从老家湛江到深圳打工。他先是在深圳市中电物业管理有限公司当保安，业余时间参加了深圳大学的成人自考班，学的是计算机专业。随后，他被调到公司的工程部工作。

2000年，公司管理的电子科技大厦C座开业，杨广成为消防控制中心的一名技工。因为工作中同“电”发生关系，杨广开始学习电工知识。经过一系列的考试，杨广最终取得了高级电工证书，并因此成为第一个招调入户深圳的农民工。

经媒体报道后，杨广有了名气，他的人生也开始了新的转折。现在，已荣获省“五一劳动奖章”等诸多荣誉的他，成为公司的热电主管。

2007年儿子出生，同年，杨广在福田区华富村买了套二手房。同事赞助加贷款，共花了64万元。从此，杨广一家成了一个完整意义上的“深圳人”。

拥有了深圳户口，工作稳定，待遇也有提高，但杨广没有安于现状，依然在努力学习。“本周五我就要到武汉去参加中国地质大学优秀学员的颁奖典礼，机票已经订好了。”这回，杨广学的是这所大学的机电一体化专业，“外语也已经通过了，很快将拿到学士学位，这次除了领奖外，还要代表优秀学员上台作报告。”杨广说，报告的题目就叫《机会总属于有准备的人》。

杨广姓杨，在单位被领导称为“领头羊”，这只“头羊”引领了一群“小羊”：因为有杨广的示范作用，他所在公司的七八名农民工也跟随杨广的脚步，通过刻苦学习，现在这批来自湖南、河北等地的保安，均招调入户成了“深圳人”。

**2009年农民工入户深圳近四千人。**

他们的故事告诉我们，我们只有坚持和努力，才能在艰难困苦中获得成长；我们只有掌握城市需要的工作技能和专长，我们才能抓住机遇，改变我们的命运，才能够真正融入都市，成为都市的建设者和主人。

许多优秀人物都是从贫穷中崛起，贫穷赋予了他们巨大的精神力量和丰富的人生意义。贫穷是一所好的学校，对于奋发图强的人，贫穷是磨刀石，它能磨炼你的意志，锻炼你的才能。

将贫穷当作镜子，将眼泪铸成金子，你的人生足迹才会落地有声。

# 挫折背后是成长

REN SHEN MEI YOU GUO BU QU DE KAN

挫折是人生常态

挫折背后是成长

以正面心态面对挫折

## 挫折是人生常态

人生活在这个世上，不可能都是一帆风顺的，尤其是刚刚进入社会的新生代员工。无论你们是来自农村，还是来自学校，初入社会，除了满腔的青春激情和热血，你们没有资源，没有人脉，没有工作经验和工作技能，根本还弄不清社会复杂的状况，你们就像进入迷雾重重、危机四伏的原始丛林，摸索前行，受打击和碰壁一定是家常便饭，这个阶段你们受挫的频率可以说是一生中最高的。在社会生活的适应期，你们屡屡受挫，一定会心烦意乱，或痛苦不堪，或萎靡消沉，或悲观失望，有时候甚至失去面对生活的勇气。但是，年轻的朋友，不要泄气，要知道，经历挫折和困难是人生的常态，每一个人都无法逃避。

我们来看一下两个真实的人的生活经历：

有一个人，他在21岁时，做生意失败。

22岁时，角逐州议员落选。

24岁时，做生意再度失败。

26岁时，爱侣去世。

27岁时，一度精神崩溃。

34岁时，角逐联邦众议员落选。

36岁时，角逐联邦众议员再度落选。

45岁时，角逐联邦参议员落选。

47岁时，提名副总统落选。

49岁时，角逐联邦参议员再度落选。

52岁时，当选美国第十六任总统。

这个人就是美国历史上最伟大的总统之一——亚伯拉罕·林肯。

有一个人，一生中经历了1009次失败。但他却说：“一次成功就够了。”

5岁时，他的父亲突然病逝，没有留下任何财产。母亲外出做工。年幼的他在家照顾弟妹，并学会自己做饭。

12岁时，母亲改嫁，继父对他十分严厉，常在母亲外出时痛打他。

14岁时，他辍学离校，开始了流浪生活。

16岁时，他谎报年龄参加了远征军。因航行途中晕船厉害，被提前遣送回乡。

18岁时，他娶了个媳妇。但只过了几个月，媳妇就变卖了他所有的财产逃回娘家。

20岁时，他当电工、开轮渡，后来又当铁路工人，没有一样工作顺利。

30岁时，他在保险公司从事推销工作，后因奖金问题与老板闹翻而辞职。

31岁时，他自学法律，并在朋友的鼓动下干起了律师行当。一次审案时，竟在法庭上与当事人大打出手。

32岁时，他失业了，生活非常艰难。

35岁时，不幸又一次降临到他的头上。当他开车路过一座大桥时，大桥钢绳断裂。他连人带车跌到河中，身受重伤，无法再干轮胎推销员工作。

40岁时，他在一个镇上开了一家加油站，因挂广告牌把竞争对手打伤，引来一场纠纷。

47岁时，他与第二任妻子离婚，三个孩子深受打击。

61岁时，他竞选参议员，但最后落败。

65岁时，政府修路拆了他刚刚红火的快餐馆，他不得不低价出售了所有设备。

66岁时，为了维持生活，他到各地的小餐馆推销自己掌握的炸鸡技术。

75岁时，他感到力不从心，因此转让了自己创立的品牌和专利。新主人提议给他1万股，作为购买价的一部分，他拒绝了。后来公司股票大涨，他因此失去了成为亿万富翁的机会。

83岁时，他又开了一家快餐店，却因商标专利与人打起了官司。

88岁时，他终于大获成功，全世界都知道了他的名字。

他，就是肯德基的创始人——哈伦德·山德士。

我们来看，林肯从21岁人生第一次挫折开始，直至52岁当选美国总统，在这32年中他一共遇上了十次失败、十次挫折、十个艰难的坎。设想一下，如果林肯在其中任何一次挫折面前失去了勇气，爬不过其中一个坎，那么，美国的第十六任总统就是别人，“废除奴隶制”和美国南北战争就不一定会发生，美国的历史甚至人类的历史就会改写。支持林肯战胜挫折，一路前行的是他认定挫折是人生的必然，只有挑战它，超越它，才能实现自己的梦想。面对接踵而来的挫折和打击，林肯坚决不信是上帝拒绝了他的梦想和追求，他坚信，这只是上帝考验他的韧性，是上帝将他的梦想延迟而已，抱着这样的信念，林肯屡仆屡起，最终成就不凡。

相比林肯，哈伦德·山德士一生更加命运多舛。从5岁开始帮助母亲照顾弟妹，学习做饭开始，到88岁第一次获得成功。中间整整83年的挫折人生，哈伦德·山德士一生这张“挫折表”不是任何人都能坚持下来的。当我们看到遍地开花的肯德基餐厅，看到肯德基门前那尊乐呵呵向我们挥手致意的富态老人塑像，我们有多少人暗自羡慕，希望自己能够像他那样成功、成为大富翁。但是，又有多少人能够清楚这个老人背后那张长长的人生挫折账单！如果你跟哈伦德·山德士互换命运，你能够像他那样一生与挫折和失败抗争，与命运搏斗，头破血流地经历漫长无望的83年岁月，最后才能抵达梦想境地，你愿意吗？你能够坚持吗？

请记住哈伦德·山德士的座右铭：“人们经常抱怨天气不好，实际上并不是天气不好。只要自己有乐观自信的心情，天天都是好天气。”

套用他的话，我们可以说，人们经常抱怨自己运气不好，实际上并不是我们的命运不好。只要我们有乐观自信的心情，我们天天都是幸运的。

即使我们了解挫折和困难是人生常态，但是规避风险和挫折是人的天性。我们常常说希望人生能够“一帆风顺”、“一路平安”，这是因为我们都知道航行途中必定会阴晴不测风云变幻，前行一路必定遭遇坎坷；我们常常祈求“风调雨顺”，是因为我们知道大自然变幻莫测，人类无法呼风唤雨；我们常常企盼自己能够“逢凶化吉”，是因为我们知道，遭遇不测和凶险，只有靠我们奋力自救才能脱险……所有这些希望和祈求是我们面对命运无常时的恐惧和希冀求助于外力，这些恐惧和希冀的反面便是严酷的生活真相——我们无从逃避人生的挫折，我们只能面对所有这些失败和挫折，翻越人生所有的坎。因为，在挫折和失败面前，痛苦、焦灼、失落、迷茫、束手无策或一蹶不振对我们没有任何的帮助，只能让我们失去重新站立起来的力量，让结局变得更加糟糕和不幸。

并不是所有人在人生挫折和失败面前都能够坚定不移，甚至许多成功者，在他们一生经历中，在困难和挫折前也会动摇和犹豫，甚至退缩。

曾经有一个记者问李连杰：李连杰，你这些年都是一帆风顺，你是怎么变得这么强大的呢?

面对这个问题，李连杰回忆了自己的经历。他说:

首先，我从来不是一帆风顺，我在朋友中有个外号，叫“死过一百次的生还者”。从小我父亲就过世了，家境实在太差，只好加入武术队，靠每个月微薄的补贴养活全家；11岁开始我连续5次拿到全国武术比赛冠军，18岁拍了《少林寺》一夜成名，但立马，第二年我就摔断了腿，差点成为废人；好不容易等到《黄飞鸿》系列电影大卖，我的经纪人又遭黑道枪杀，事业再次陷入低谷……这些都不说，2004年印尼海啸时，我差点妻离子散命丧异地，当洪水就在你眼前肆虐时，那种内心的惊恐与不舍，又有多少人面对过呢?

也可以理解，问这个问题的人估计从来都只是在电影中了解我，觉得我就是电影中那些硬汉，身怀绝技，从精神到肉体都是天生的强大。事实上，我只是一个血肉做成的普通人，甚至，我比很多人还脆弱，有一段时间，我天天想着出家当和尚。但是，少林寺的一位高僧却不同意我这样做，因为出家并不能从根本上解决问题，佛家还讲究入世修行呢！后来，我去好莱坞发展时，他要我记住一句话：一切困难都是为了帮自己变得更强大！

这话听起来实在不像是什么祝福。果然，到了好莱坞，事情并不顺利，虽然台湾老板杨登魁花了上亿元帮我打造形象，创造机会，但傲慢的好莱坞并不肯接纳我这个身高才170cm的华人。我忍着，直到一次在片场，导演把剧本摔到我脸上，冷冷地问我：你是不是不懂英文，所以剧本没看懂?

那个晚上，我打电话给那位高僧。他淡淡地说：这些年你吃了不少苦头，但回过头来想一想，是现在的你强大，还是过去的你强大？我一愣，想着自己这半生的经历，的确，那些困难现在看起来都不值一提了，可当时，又何尝不是逼得自己无路可逃？可见，困难的确在让我变得强大，至少，让我的承受能力越来越强！

从那以后，我不再惧怕任何困境，对困境甚至抱着一种“欢迎”的态度。朋友都说我疯魔了，但我心里知道，这不过是在困难中修炼自己。

所以，在挫折和困难面前动摇和犹豫并不可耻，问题是在动摇和犹豫之后我们必须振作起来，我们必须告诫自己，困难和挫折是人生常态，人生没有过不去的坎。只要我们能咬住牙关，坚持走过去，我们就一定能够将挫折踩在脚下，抛在后面。

## 挫折背后是成长

从我们的足下，到我们设定的人生目标之间，是一条陡峭的山路，在这样的路上，布满挫折和险阻。可以说，挫折和失败是人生向上道路上的台阶。挫折的大小与成长的刻度绝对是成正比的。

除了残疾人，我们每个人都会走路，但是，人不是生下来就会行走的。我们幼年学步的时候，先是拉着大人的手，或者扶住东西，当我们独立走出第一步时，我们的脚步一定是蹒跚不稳的，我们不断地跌倒、摔跤，我们常常磕破了头，摔得青一块紫一块，痛得鼻涕眼泪，哇哇大哭，但是，我们从来不会因此退缩和停止学步。正是在不断的跌跤中，我们渐渐地有了腿力，我们渐渐懂得观察脚下高低，懂得避开障碍，掌握控制身体的平衡……最终，我们不但学会了行走，更是能够疾跑如飞。想象一下，有没有人会因为害怕摔跤而终身不会行走？人生的每一个阶段其实都像学步一样。为什么我们不向我们的幼年借助那种无畏和勇气？

可以说，学会走路是我们人生克服的第一个挫折和困难，如果有谁在这个挫折前退缩和放弃，那么他就会成为一个“老婴儿”和残疾人。学步对于幼儿来说，是莫大的困难和挫折，经过了这个阶段的挫折，幼儿学会了行走，取得了成长。剩下的人生就是这样的过程的不断延续，直至像哈伦德·山德士那样，在88岁的高龄，依旧奋力一搏，成就自己的梦想。

所以，面对人生路上的困难和挫折，我们要放下畏惧和逃避心态。因为我们知道，每一个困难和挫折背后都是成长的机会。

他出身卑微，多年前，他在1983年版的《射雕英雄传》中扮演那个宋兵乙，为增添一点点戏份，他请求导演安排“梅超风”用两掌打死他，结果被告之“只能被一掌打死”。这个年轻时被称作“死跑龙套的”卑微小人物，每次为了演一个小角色，跟在导演后面，被人讥笑为“像一条狗一样”。他第一次当着导演的面谈到演技时，在场的人无一例外都哄堂大笑。在受辱和挫折中，他不断思索、不断向导演“进谏”，直至2002年自己当上导演。那年，他获得了金像奖“最佳导演奖”。

十几年前，开往西部的火车上，梳着分头、戴着近视眼镜的他看上去朝气蓬勃，内心却充满彷徨。不善言谈的他转行当主持人，他第一次主持的电视节目播出时，他发现自己说的话几乎全被导演剪掉了。他让身为制片人的妻子准备了一个笔记本，把自己在主持中存在的问题一一记录下来，哪怕是最细微的毛病都不肯放过，然后逐条探讨、改正。即使今天其身家已过4亿，成为中国最具影响力的主持人，他仍未放弃面“本”思过。

28岁前的他是一个防盗系统安装工程师，依他的说法，“就是跟水电工差不多的工作”，“有时候装监视系统要先挖洞，一旦想到歌词就赶快写一下！”当年的他就是这么边干活边写词，半年积累了两百多首歌词，他选出一百多首装订成册，寄了100份到各大唱片公司。“我当时估计，除掉柜台小妹、制作助理、宣传人员莫名其妙、减半再减半地选择性传递，只有12.5份会被制作人看到吧，结果被联络的几率只有1%。”其实那1%就是100%！1997年7月7日凌晨，他正准备去做安装防盗系统的工作，有人打电话给他，那个人叫吴宗宪，同时走运的还有另一个无名小卒——周杰伦。他和周杰伦合作的歌从没人要，到要曲不要词，慢慢地曲词都要，之后单独邀词，但还会有三四个作者一起写，直到最后指定要他的词。

可能你已经猜到了，第一个是周星驰，然后是李咏，然后是方文山，他们是目前中国最具知名度的人中的三个。他们在成名之前备受挫折，只是，他们没有被挫折吓退和压垮，而是坚持不懈，屡挫屡战，在抗争中成长，最后以自己的实力脱颖而出，被社会承认。

有时候，挫折太大，会让人觉得无望。对于落到人生谷底的人来说，作家二月河的故事是最好的借鉴：

凌解放少年时不懂事，让父亲和老师们伤透了脑筋。因为不好好读书，他的学习成绩差得一塌糊涂，从小学到中学都留过级，一路跌跌撞撞，直到21岁才勉强高中毕业。

高中毕业后，凌解放参军入伍，在山西大同当了一名工程兵。他每天在数百米的井下挖煤，脚上穿着长筒水靴，头上戴着矿工帽、矿灯，腰里再系一根绳子，在齐膝的黑水中摸爬滚打。听到脚下的黑水哗哗作响，抬头不见天日，此时，他才忽然醒悟，后悔自己不好好学习，他感到一种前所未有的悲凉，觉得自己已落到了人生的谷底。

他不甘心就这样过一辈子。每天从矿井出来后，他就一头扎进了团部图书馆，什么书都读，甚至连《辞海》都从头到尾啃了一遍。其实，他心里既没有明确的方向，也没有远大的目标，只知道，如果自己再不努力，这辈子就完了。以当时的条件，除了读书，他实在找不出更好的办法来改变自己。

书越看越多，渐渐的，他对古文产生了浓厚兴趣。在部队驻地附近，有一些破庙残碑，他就利用业余时间，用铅笔把碑文拓下来，然后带回来潜心钻研。这些碑文晦涩难懂，书本上找不到，既无标点也没有注释，全靠自己用心琢磨。吃透了无数碑文之后，在不知不觉中，他的古文水平已经突飞猛进，再回过头去读《古文观止》等古籍时，就变得非常容易。当他从部队退伍时，差不多也把团部图书馆的书读完了。就连他自己也没想到，正是这种漫无目的的自学，为自己日后的事业打下了坚实基础。

转业到地方工作后，他又开始研究《红楼梦》，由于基本功扎实，见解独到，很快被吸收为全国红学会会员。1982年，他受邀参加了一次“红学”研讨会，专家学者们从《红楼梦》谈到曹雪芹，又谈到他的祖父曹寅，再联想起康熙皇帝，随即有人感叹，关于康熙皇帝的文学作品，国内至今仍是空白。言谈中，众人无不遗憾。说者无心，听者有意，他心里忽然冒出一个念头，决心写一部历史小说。

这时候，他在部队打下的扎实的古文功底，终于派上了大用场，在研究第一手史料时，他几乎没费吹灰之力。盛夏酷暑，他把毛巾缠在手臂上，双脚泡在水桶里，既防蚊子又能取凉，左手拿蒲扇，右手执笔，拼了命地写作。几乎是水到渠成，1986年，他以笔名“二月河”出版了第一部长篇历史小说——《康熙大帝》。从此，他满腔的创作热情，就像迎春的二月河，激情澎湃，奔流不息。他的人生开始解冻。

毫无疑问，如果没有在部队的自学经历，就没有后来名满天下的二月河。如果不是他在21岁时跌入了人生最低谷，就不可能有他在不惑之年步入巅峰，从超龄留级生到著名作家，其间的机缘转折，只有对挫折坚韧不懈的抗争。用二月河的话说：“人生好比一口大锅，当你落到了锅底时，只要你肯努力，无论朝哪个方向，都是向上的。”

## 以正面心态面对挫折

人的一生，“不如意事常八九”，我们常常会遭遇失意和挫折。生活中，每个人都可能遭遇挫折，事业的挫折、家庭的困境、人际关系的冲突等。面对困难和挫折，我们常常会痛苦、自卑、怨恨，失去希望和信心，从而影响我们对事情的判断和审视，甚至影响我们的身心健康。因此，我们必须建立面对挫折和困境的正面心态，学一些心理困境的自救法。

### 一、要有良好的心态

（一）不要抱怨，认为自己怎么这么不幸，这么倒霉。要知道人生的道路上谁都不可能是一帆风顺的，困境和挫折是人生常态，再成功的人士也会遭遇挫折。

（二）不要害怕，要知道挫折背后是成长，挫折背后有机会。这个时候要强迫自己冷静下来，理智地分析挫折，运用自己的知识，理出头绪，找出应对的方法。

（三）要相信自己，只要有足够的忍耐和信心，就一定能够闯过去。人生没有过不去的坎。

（四）如果被挫折击败了也不要气馁，要知道这次不行，是我们能力还不够，时机还不对，至少我们在这次挫折中获取了知识和经验，长了见识。然后我们只要等待，在等待中积蓄力量，等待良机，下次就一定会闯过去。

## 二、具体措施

### 倾诉法

也叫发泄法，即将自己心里痛苦向他人倾诉。倾诉法是近年来心理医学比较提倡的一种治疗心理失衡的方法。受挫后如果将失望焦虑的情绪封锁在心里，会凝聚成一种失控力，它可能摧毁肌体的正常机能，导致体内毒素滋生。适度倾诉，可以将失控力随着语言的倾诉逐步转化出去。倾诉作为一种健康防卫，既无副作用，效果也较好。

建议:

1. 向亲朋好友倾诉和宣泄。

2. 以日记的方式将失望和焦虑倾泻出来，同时可以梳理自己的心绪，给自己鼓励和打气，慢慢整理出解决的思路。

3. 可以在网络平台上将情绪宣泄出来，向网友求助，在与网友讨论中理清思路。

4. 在无人处大声喊叫，或者像电影《花样年华》中的男主角那样，找一个偏僻之地，把内心重负交给大树的树洞。

### 自勉法

受挫后有时难于找到适当的倾诉对象以诉衷肠，便需要自己设法平衡心理。想一想那些比自己受挫更大、困难更多、处境更差的人，通过比较，将自己的失控情绪逐步转化为平心静气。你想想，你做生意赔钱了，那还有跳楼的呢；你工作不顺心，那还有没工作的呢；你这失业了，那还有负债的呢！这么想你就会平静下来，要学会给自己宽心。了解自身优势和劣势，扬长避短，以积极的信念暗示自己，努力挖掘自己的优点与长处，而不是无意中把悲观沮丧、挫折感放大；同时，要找出自己没有受挫感的方面，即找出自己的优势点，强化这种优势感，从而增强自信心，加强抵抗挫折的承受力。

**目标法**

如果挫折打乱了原有的生活，摧毁了原有的目标，那么，我们需要为自己重新寻找一个方向，确立一个新的目标，这就是目标法。目标的确立，需要分析思考，这个过程是一个将消极心理转向理智思索的过程。注意，不要将人生目标定得太高和不切实际，目标太高了，一是不可能实现，二是容易产生自卑心理。目标一旦确立，犹如点亮了一盏明灯，就会催生出新的行动信念和意志力，从而使我们排除挫折干扰，向新目标努力。

目标一经确立，就标志着我们已经从心理上走出了挫折，开始了下一步争取新的成功的历程。

# 迷惘，是因为你有选择

REN SHEN MEI YOU GUO BU QU DE KAN

先迈出第一步

迷惘，是因为你有选择

让目标带领你走出迷惘

## 先迈出第一步

王宇是个不喜欢读书的孩子，对他而言，看那些晦涩难懂的文字，还不如去网吧玩游戏。他总是不吃中饭，把钱留下来去网吧。初三时他的成绩一塌糊涂，考了两次都没考上高中，为了不让他这么早就走上社会，家里人想尽办法把他送进了一所高中，然而，一年后，他却选择了退学，初中三年对他而言基本是空白，高中的课程更有如天书一般，住校生活更让他觉得失去了自由。

在家过了一年昏天暗地的生活，家人的喋喋不休让他感觉到厌倦。于是，18岁时，王宇跨越大半个中国，从遥远的北方来到南方都市。从火车站走出来的时候，他一下子害怕了。偌大的火车站广场，密密麻麻的人潮，他突然觉得自己很小很小，小到好像不存在似的。他找到父母帮他联系的一位叔叔，并且跟着叔叔直接进了一家大型工厂，去工厂的途中，他看到了许多工厂外面，找工作的人排成一条条的长龙，他感觉自己进入了另外一个世界，这个世界崭新得让他充满新奇又充满了恐惧。

因为有叔叔的帮忙，他很快就上工了。穿上簇新的工装，他觉得自己浑身充满了力量，他知道，他再也不需要向父母要钱去网吧了，也不需要再听父母的唠叨了，他可以自己挣钱自己花了。

流水线的生活单调而乏味，他觉得自己在慢慢变成机器人，机械地起床，机械地打卡，机械地吃饭，机械地开工，然后，机械地睡觉；只有在每周的休息日，在网络里面肆无忌惮地厮杀与拼抢，才让他觉得自己是一个有血有肉的人。

生活日复一日，六天上班和一天上网，成了他生活的全部。一天，叔叔带着领导去生产线视察，看到他正在紧张地工作，便从后面开玩笑似的拍了他一下。

当时，他愣了一下，回头看了叔叔一眼，脑袋却一片空白，手指还在自动地运转着。

他愣在那里，盯着叔叔，足足有好几秒，突然，他像从睡梦中醒来一般，他冲叔叔笑了笑，又回头继续工作。

然而，他脑海里却有一种深深的迷惘袭来，他看着自己的双手，它们好像已经不再属于自己，只要一接触到流水线，就像机器般自动自觉开始上下左右。

他想着刚出来时雄心万丈的自己，想着现在像机器人一般的自己。那一个周日，他去网吧，第一次没有打游戏。他买了一包烟，凝视着白茫茫的显示器，听着电脑里面反复播放的歌曲，写下了这样的文字：

一个人，一包烟，一瓶水，一个陌生的城市，一首歌，一个晚上，一种无助的眼神。

我发现我真的厌倦了自己，一个傻得可以的自己，一个迷失的自己。

他将自己的处境写成一篇篇文字，发到网上，没想到，一下子引来了很多人留言。他发现，原来很多人都有着和他一样的困惑：他们不爱读书，他们沉迷于网络，他们只身来到大城市，他们成为这个社会最底层的一个群体，他们每天机械地工作，把大部分的薪水交给网吧或者其他娱乐消费，他们厌倦这样一成不变的生活，却又不知如何改变，生活像一张巨大的网，他们身陷其中，想挣扎，却不知道应该从何做起。

他看着网上那些网友或悲伤或热情的留言。对于网友的建议，他一字一句认真地阅读，其中有一位网友跟他说了一个这样的故事：

安妮刚开始做新闻主播时，被委任的工作是报时和节目介绍，不仅每天的工作内容一成不变，就是一天之中相同的事情也要重复好几遍，然而，她最初应征的却是记者。因此，那个时候她的心情简直是糟透了。她非常迷惘，不知道这样的生活究竟该如何继续，每天都过得相当郁闷，表情黯淡。这样，她的同事、朋友也慢慢地开始疏远她了，这使她的心情更加沉重，导致了一种恶性循环。

突然有一天，她从梦中惊醒过来，意识到自己这样是在浪费青春，虚度光阴。如果自己实在讨厌这份工作，那就立即辞职；否则，以这种虚无的心态来工作，简直就是在践踏自己的青春。既然是不得不干下去，倒不如把自己融入工作中去，使自己乐在其中。经过这样一番思想转变，她就开始思考，怎样才可以在呆板的台词中加入自己真正的心里话，使别人的台词成为自己的台词。

终于，她找到了办法。她发现，每周两次的晚间节目介绍的前10秒钟是她的自由空间。因为，在那之后的台词她无权更改，而此前的10秒钟则说什么都行。

“纽约昨天刮风了”、“国家森林公园的枫叶红了”，总之，就在这10秒钟之内加上她亲眼目睹、亲耳所闻、真心所感的一些小事情。从时间上讲，不过短短的10秒钟，但是，从这以后，她的心情彻底改变了，每日一句成了她一天中最大的乐趣。不论是走路，还是坐公交车，只要头脑一有空闲，她就思考着今天的10秒钟说什么好，怎样表达才好些。这样，她原来黯淡的表情重归开朗，由此又赢得周围人的友谊。而她那颇具创意的每日一句也在听众中赢得广泛好评，原本僵硬死板的节目介绍也因为她的一句妙语而变得温馨无限，使人闻之如饮甘泉。同时，周围朋友对她也大加赞赏：“干得不错嘛!看你，真是神采飞扬!”周围人的赞美令她激情无限，工作越做越好。不久，她就被提拔到了更重要的工作岗位。

那名网友说，他曾经在一个事业单位干了六年。可是，他并不喜欢自己的工作，他觉得自己是一个充满激情的人，希望每天都能有新的挑战等待着他；可事实却是，事业单位的工作每天都一成不变，他觉得自己的精力在这种枯燥乏味的生活中被一天天地吸走。他心中充满了迷惘，他想出走，可是，一种更深的恐惧却死死地攫住了他。他觉得，他已经被这种生活折磨得没有任何生存的能力了，如果这样贸然地辞去工作，以他的能力，可能再也找不到一份工作了。有时候，他会从梦中惊醒，梦里的他，被一只巨大的怪兽追赶，可他却失去了奔跑的能力。于是，他整夜整夜地沉迷于牌桌，然后每天无精打采地回到单位，错误连连。尽管这样，他也觉得无所谓，在那段时间他彻底放弃了对生活的追求，不断地放任自己，让生活走入一个死胡同。直到有一次，他因长期生活不规律，导致胃出血，被送入医院，看到亲人与朋友的泪水与关怀，他突然意识到，自己再这样放任下去，只会“害人害己”。这个时候，他在一个杂志看到了上面的故事，安妮的故事令他很受鼓舞。于是，他重新振作，病好后，他开始积极地投入工作，并且开始学习一些相关的业务知识，并且不断争取做更多的事。不久后，他发现，自己的工作并没有以前想象的那样单调乏味，工作有热情了，领导也对他另眼相待，开始给他更多的挑战，他也重新找回了自我。

他跟王宇说，任何工作都会有令人不满的一面，但是，我们一定要学会像安妮一样，在困惑与迷惘中找到一丝绿色，并牢牢抓住这一丝绿色，踏着它一路前进，让它变成我们的春天。

当然，如果我们实在无法从现状中找到一丝希望，我们就应该掉头就走，不要因为对未来充满恐惧而不敢向前迈步，因为正是这样的人生才让人充满了期待。无论前路是平坦还是崎岖，都比深陷在迷惘的泥潭中无法自拔的好，至少，我们是走在路上的，上路了，才能有机会获得我们想要的未来。

看了网友的留言，王宇的心情慢慢地平复了下来，他想了很久，到底要不要继续留在工厂？最后，他决定离开，因为他知道，自己并不适合这份工作，就算以后有机会做拉长、线长，也只是薪水增加，却并不是他想要的生活。

他辞职出去闯荡，当然也历尽艰辛。现在的他，在一家公司当业务员，虽然底薪很低，但是，他对未来充满了希望。王宇发现，他非常喜欢跟人打交道，从不同的人身上可以学到不同的知识，也能透过别人更好地了解自己。现在的他，目标坚定，先做业务员，然后朝销售经理、销售总监的目标奔去。

后来，王宇在帖子里留言说：

现在的我已经走出困顿了。曾经我以为迷惘是一只打不败的恶魔；现在，我才了解，其实，是我们把自己陷在了一个小小的黑色方阵里，所以才挣脱不开。只要往前走一步，不论是什么方位，我们会发现，我们的周围全是明朗的天。

## 迷惘，是因为你有选择

现代社会信息流通越来越发达，正是因为这样，人们迷惘的频率也越来越高。

原始的人类是最不迷惘的，因为他们没有选择，他们短短的一生都在追求温饱，有鱼吃鱼、有肉吃肉，没有就吃草皮……在那种恶劣的环境下，活着已属不易，哪有机会迷惘。而现代社会，信息芜杂，选择繁多，这些选择就像一个个诱惑，让我们一步步迈入迷惘的泥潭。

看电视的朋友们都会发现一个这样的现象：以前电视频道不多的时候，我们可以盯住一个频道，津津有味地看上一整天；可是，当电视频道慢慢多起来以后，我们则开始变得不知所措，拿着遥控器不停地换来换去，就算是中途发现一个不错的频道，也不会立即停下按动，而是接着看下一个频道，有时候，甚至坐上一整天也没法安心找一个频道好好看。很多人就因此变成了“遥控一族”，看到遥控器就会情不自禁地不断往下按，从一个频道调到另一个频道，从来没有认真看过任何一个频道，却责难电视台，认为现在的电视节目真是越来越难看了。

其实，我们的人生处境何尝不是像一个遥控器呢？我们的人生充满了选择，可是我们却不愿意从中找到一个频道，安安心心地看下去，而是左顾右盼，老觉得下一个台会更好看。在不断地走马观花中，回过头一想，才发现，已经浪费了大好时光，并且，都不记得哪个是最好看的频道了。

正是因为我们有太多选择、太多目标，年轻浮躁的心让我们不知从何选择，从而失去辨别力和决断力，纠结其中，痛苦迷惘。

请大家想想，如果我们生下来就注定只能读某所学校，从事某个职业，我们还会迷惘吗？就像我们去吃饭，饭店里只提供一个菜式，我们还会左思右想吗？

所以，迷惘不是坏事而是好事。面对迷惘，我们首先不要不敢面对，更不要恐惧和迷乱。面对迷惘，我们首先要做的，就是找一个人将自己心里的困惑倾诉出来，不论是找朋友还是找网友。一个人遇到困惑时，常常会容易陷入死胡同，将事情看得很极端，这个时候，如果我们的情绪无法得到有效、及时的宣泄，就可能做出一些令我们后悔的事情。所以，我们一定要找到一个突破口，让自己的情绪迸发出来，大声喊叫或者大哭一场都可以。等到我们的情绪得到释放后，我们才可以静下心来，听一听旁人的意见，然后再仔细思考一下自己未来的出路。然后，我们可以试着在当下的情境中调整情绪，思考一下，如果外在的环境无法变化，要怎么做才能使得自己重新获得激情与力量？最后，再强制自己选定一个目标，如果觉得实在头绪纷繁，也可以同时制定多个目标，然后再一步步试探，哪条路是真正走得通的。

很多时候，我们会发现，当我们朝着设定的目标开始行动和努力的时候，迷惘便会云开雾散，我们内心就会艳阳高照。

当代著名作家史铁生1951年生于北京，1969年他中学毕业去延安一带插队，1972年因双腿瘫痪回到北京。后来又患肾病并发展到尿毒症，需要靠透析维持生命。他的写作与他的生命完全结合在了一起，史铁生以残缺的身体，用他的作品表达出健全而丰满的思想。他自称是“职业是生病，业余在写作”，他的著名散文《我与地坛》鼓励了无数的人。

《我与地坛》中，史铁生记录了生命中最为迷惘的时期：

它（地坛）等待我出生，然后又等待我活到最狂妄的年龄上忽地残废了双腿。

……

两条腿残废后的最初几年，我找不到工作，找不到去路，忽然间几乎什么都找不到了，我就摇了轮椅总是到它那儿去，仅为着那儿是可以逃避一个世界的另一个世界。

那一段时间，史铁生整天整天地呆在地坛，母亲担心他，却又是不敢明讲，只能偷偷地去找他，找到他又不敢打扰他，只站在远处，静静地凝望。那时的史铁生陷入深深的迷惘中，他不知道自己是否值得活下去，以及为什么要写作。

谈到从迷惘中走出来，然后踏上写作的这条道路，史铁生回忆道：

我其实未必合适当作家，只不过命运把我弄到这一条（近似的）路上来了。

左右苍茫时，总也得有条路走，这路又不能再用腿去趟，便用笔去找。而这样的找，后来发现利于此史铁生，利于世间一颗最为躁动的心走向宁静。

我的写作因此与文学关系疏浅，或者竟是无关也可能。我只是走得不明不白，不由得唠叨；走得孤单寂寞，四下里张望；走得怵目惊心，便向着不知所终的方向祈祷。我仅仅算一个写作者吧，与任何“学”都不沾边儿。学，是挺讲究的东西，尤其需要公认。数学、哲学、美学，还有文学，都不是打打闹闹的事。写作不然，没那么多规矩，痴人说梦也可，捕风捉影也行，满腹狐疑终无所归都能算数。当然，文责自负。

写作救了史铁生和我，要不这辈子干什么去呢？当然也可以干点别的，比如画彩蛋，我画过，实在是不喜欢。我喜欢体育，喜欢足球、篮球、田径、爬山，喜欢到荒野里去看看野兽，但这对于史铁生都已不可能。写作为生是一件被逼无奈的事。开始时我这样劝他：你死也就死了，你写也就写了，你就走一步说一步吧。这样，居然挣到了一些钱，还有了一点名声。

正如史铁生所言，在迷惘时，他其实有很多选择，可以选择画画、可以选择写作、当然也可以选择别的。然而，忽然失去双腿的打击，令他陷入迷惘，没有办法认认真真去思考，直到最黑暗的那一段时间过去后，他才终于拿起笔，开始“走”出一条属于他的路。

史铁生能走出人生最迷惘的那段日子，其实并非他自己所说的“命运”使然，而是他终于愿意站起来面对自己的勇气，他愿意相信自己也能走出一条路，因而开始制定目标，最后锁定在写作这一个方向，并且一天一点地朝着它坚定不移地前进。有了目标，人生顿时变得明朗开阔，让他终于挥别阴霾重重的冬天，迎来万物迎新的春日。

## 让目标带领你走出迷惘

为什么会迷惘？是因为失去目标。

不论是谁，都必定会遇到迷惘的时刻。这个时代信息繁杂，当人们对于当下的处境失去了冷静思考，变得没有目标时，很容易就产生一些悲伤迷失的情绪。不论是成功者还是普通人，甚至是精神领袖，都会在人生的长河中不可避免地遇到迷惘这块顽石。

佛陀在菩提树下经过四十八天的静思默想，经历了种种心魔困扰，方才参透宇宙的根本，证入佛位。而佛陀在成佛之前，也曾遭遇迷惘，他曾是悉达多太子——净饭王唯一的儿子，古印度迦毗罗卫国的王位继承人。由于晚年得子，净饭王对儿子非常宠爱，为了让儿子打消出家的念头，净饭王想尽办法，为他建造最豪华的宫殿，为他迎娶妃子。然而，在悉达多太子的儿子罗侯罗诞生后，他却郑重地向父亲净饭王提出了出家修行的要求。净饭王流着泪同意了太子的请求。后来，悉达多太子通过六年的苦行折磨，终于在菩提树下修成正果。

佛陀自然是这个世界上拥有超高智慧的人，但是，在他决心离开父亲、妻儿时，内心也曾有过迷惘：到底是留在父亲身边，与妻儿共享荣华；还是出家修行，参透这世界的大道？在苦苦思考了四十八天后，他才最终顿悟。

佛陀尚且曾迷惘，又何况我们这些凡夫俗子呢？

当迷惘来了，我们不需要恐惧不已，像看到恶魔一样，拼命想要避开他，却又发现他无所不在，无处可避。

有一个年轻人，长期为失眠所困，眼睛布满血丝，因为睡眠不足，他干什么事情都没精神。每天上班遇到同事，他都会苦笑着说昨天又数了几万只羊。他也曾试过很多种方法，可是都不奏效，然而，有一天，朋友们发现他变得神采奕奕，聊天中才得知，他已经走出失眠的困境了。

朋友问他，是不是因为参与了什么治疗或者服用了什么药物？他笑笑，说并没有，而且现在跟之前一样，还是经常会有无法入眠的时候；但是，现在不会再像以前一样。以前遇到在这种情况就开始紧张，不断地提醒自己：现在3点了，只能睡4个小时了；现在4点了，只能睡3个小时了……后来他转换了一种态度，告诉自己：现在才3点，还可以睡4个小时；现在才4点，还可以睡3个小时；中午小休半个小时，都能精神一下午；晚上有3个小时可睡，对付一个上午足够了……

这样一来，紧张与恐惧的情绪消失了，人变得平静放松，而且他发现，人一旦放松后，入睡就是一件很自然的事情了。

他说："以前老想着要睡着、要睡着，结果反而睡不着；现在老想着不睡也没关系，倒反而容易睡着了。"

迷惘也是一样，陷入迷惘时，人总想着"我不要迷惘，我要赶快走出迷惘"，结果往往适得其反。这样的想法，会起到一种自我暗示作用，暗示自己一直处在迷惘中，暗示自己没办法走出迷雾，越是这样想人就越紧张，越紧张思绪就越乱，就更加无法走出迷惘了。当人们试图用这种方式与迷惘做徒劳的抵抗却无济于事时，人们会把迷惘的力量想象得异常强大，由此则衍生出对于迷惘的一种恐惧。

其实这时候，我们一定要提醒自己，迷惘不过是像失眠一样的普遍现象（事实也正是如此），不要抵触它，而是要接纳它。既然迷惘来了，那就迷惘吧，正好趁着这段时间好好休息或者好好思考一下。有一位网友的感悟非常值得我们借鉴：

有时候我在想，当我们迷惘的时候，它是不是在提醒我们该适当地休息一下了。因为当一个人身心疲惫的时候，常常会为自己的所作所为感到困惑，不知道自己做这些事到底是为了什么？是不是真的值得？这样的时候，即便你做得很成功，也会因为身体的疲惫和内心的困惑而感觉不到成功的喜悦。除了那种疯涨了的迷茫，让你越来越感觉自身的渺小和无奈。

当我们感觉迷茫的时候，除了需要休息，还有就是需要认真思考，毕竟每个人都是要过下去的，不管按照什么样的方式去活。我们每个人都在试图用自以为是幸福的标准而生活着，这样做的结果，不管是不是最后真的幸福，起码我们的内心会轻松一些，也能聊以自慰，因为那是我们自己选择的结果。

迷惘并没什么可怕的，生活有时候需要这样的迷惘。在迷惘中，我们会想得更多，也许正是因为迷惘和思考，才能让我们理清头绪，知道自己今后该做些什么、该怎么走向未来的路。当然，太多或者常常陷入迷惘，那就不是在思考，而是活得浑浑噩噩了，是对自己的过去和现在的一种无知和不认同，也是对将来的不负责任。这样的人，也许只是为了活着而活着，却终究不太明白为何活着、活着的意义又是什么。

很多时候，看别人走过的路总觉得很清晰，而轮到我们回首自己身后走过的路时，却总觉得有些模糊不清，不知道这一路自己是如何走过来的、又怎么会走到这一步，于是才有了这样那样的迷茫。其实这也很正常，所谓事不关己则清，一旦关己则乱。

人，有时候最看不懂的也许就是自己，所以我们总希望找到一个知心的朋友，或者说是同类，因为这样的朋友，就像是你人生的一面镜子，你可以从他们身上看到一些自己的影子，也能在他们走过的人生旅程中看到那些似曾相识的遭遇，是他的也是你的，而这些，正是你在自己身上所看不清的。所以，能遇到一个真正的知己，是我们人生的幸事，他像一盏明灯，让我们把过去看得更清楚，在未来又可以少走或不走弯路。

虽然生活中充满了太多的无奈和伤悲，许多事我们无法操纵，在命运面前我们渺小得如同一粒尘埃，但是我们有自己的头脑，有双明亮的眼睛，我们也许无法和命运抗拒到底，但是起码我们可以不做它的傀儡。所以无论清醒着还是迷茫着，最终我们都会做出自己的选择，只要是我们自己想要的，如是即可。

诚如这位网友所言，无论清醒还是迷惘，我们最终都要做出选择，而这选择的依据就是我们之前所提到的目标。要坚定目标，首先必须建立起强大的自信心。只有这样，我们才能在迷惘中获得主动权，积极出击。针对很多人出现迷惘的问题，一位网友特地在网上发了一个长长的帖子，引导大家走出迷惘：

近日很多朋友问了我一个同样的问题：如何走出人生困境？如何走出迷惘？我今天写此文章，特别回答网友们提出的问题：

……

事业，可大可小，有雄心立志的人，首先要衡量一下自身的本事。不然就是空想，有空想的人还是比没有理想的人要伟大，因为他/她敢想。人的潜力是巨大的，没有你想做而做不到的。目标一旦建立，就要立即行动。为了达到目标，少走弯路，方向感一定要准确。

20出头的迷惘是找工作的迷惘，30出头的迷惘是对于事业家庭的迷惘，40出头的迷惘是对于现状不满的迷惘……要走出困境，必须重新拟定计划。假如一个年轻一族，能够在20岁前后清晰地了解自己想要什么，他/她将会是一个非常幸福的人，因为成功与否并不重要，重要的是你每天过得很充实，且快乐并享受着。

没有目标并不可怕，是因为你还没有找到你想要什么，所以没有目标。还有人知道想要什么，可惜自身的实力与计划还不够周详，于是，不要荒废时间，多读书，多学习，量积累到一定的程度，你自然就知道需要什么了。

我从小时候到20岁前后也并不清楚自己能干什么，仅仅喜欢画画，喜欢军事，喜欢一切我所能学的事物。直到有一天，当我读了几乎所有的商业、文化、政治、经济、计算机等等各类书籍之后，在某一日，脑海中终于形成了自己的人生规划，那年我已经27岁。

所以，每个人都有一个未知的时间，也许你得等到50岁，有人更晚，有人一辈子也不知道自己在干什么……有人是知道自己要什么的，可惜眼光不够远，投错了门户。

……有了目标如何实施也是一门学问，除了把自己的目标每日写于窗前、厕所、镜子前之外，任何只要是能让你的目光触及的区域都不要错过，这些是帮助你走向成功的利器。同时除了读书，学学问，别忘记修身养性，从行为举止、谈吐、衣着，甚至个性都要被转移为每日的必修课……

当然了，每个人有不同的目标，你没有必要跟任何人去比，做好自己就行，只要自己幸福，无论别人说什么，都跟你无关。享受生活是上帝创造人类给予你的权力，别忘记在苦行僧的日子里，善待自己，享受人生。

没有人会知道未来的路，但是，不论如何，每一次的迈步，每一次的尝试，都会带给我们不同的感受与领悟，也会带给我们一片新的天空。所以，如果你碰到迷惘了，请坚定不移地朝着一个目标迈进吧！你会发现，生活会因为有了目标，从而开阔非常、精彩无比。

# 在受辱后离开，活得更好回来

REN SHEN MEI YOU GUO BU QU DE KAN

离开，然后活得更好回来

保持平常心

容忍者才是真正的“不可辱”者！

有些事，没有人会记得，除了你自己

## 离开，然后活得更好回来

慧和莉是同班同学，她们两个的关系非常好，而且两人性格也相似，都很活泼开朗。在初中一年级那年，发生了令两个人都终生难忘的事情。那是一天中午下课后，作为科代表的莉正在整理刚刚收齐的作业，准备送去老师的办公室，为此，慧留了下来跟她一起清点，然后再陪她一起把作业放到了老师的办公室。

可是，下午上课时，却突然有一位同学说自己丢了一百块钱，并且咬定是慧和莉偷的。因为中午吃完饭他是第一个回到教室的，而在此之前，下课时大家全都走了，只有慧和莉留在了教室，她们俩是最可能拿走这一百块钱的人。

慧和莉两个人百口莫辩，可是被偷的同学一口咬定是她们两个。班主任听了后，也认为偷钱的就是她俩。慧和莉当然不肯承认，而且觉得受到了极大的屈辱。无奈，班主任就叫她们的家长过来把她们领回去。

第二天正好是周末，慧去莉家，跟莉说，自己准备转学，因为觉得无端地被人叫做是小偷，觉得很难过，并且劝莉跟自己一起转学。而莉却觉得，如果被人怀疑就转学的话，可能会有更多人觉得自己是“畏罪潜逃”，所以不愿走。

而慧却对莉说，我们没有偷钱，为什么要不断受到别人的怀疑与侮辱，跟这些不明是非的同学在一起，还不如去一个新环境，自己也会开心一点。

莉执意不走，慧也不再劝说。

后来，慧果然迅速就办理了转学，而莉仍然留在了原来的班级。莉本来以为自己没有偷钱，没转学更证明了自己的清白，可是，同学们仍然用异样的眼光看自己，而且她感觉到老师对自己也没有以前关注了。莉开始感到很压抑，不仅变得沉默寡言，学习成绩也越来越差。而慧则因为换了一个环境，没有人会以异样的眼光看她，所以使她很快就恢复了以前开朗活泼的性格，跟新同学和老师的关系也很融洽，学习成绩也一点点地进步。

后来，中考时，原本比莉成绩稍逊的慧考上了重点中学，而莉却因为这件事情，学习成绩一落千丈，只考上了一所普通高中。

莉和慧再次碰面，看到迅速走出阴影的慧和一直活在阴影中的自己，莉后悔不已。她知道，现在慧仍然是那个生性开朗的人；而自己，却因为陷入想要向人们证明自己清白的漩涡中，而变得越来越不像以前的自己了。

如果这件事发生到你的身上，你会怎么选择呢？

你会像慧一样，潇洒转身离去，再觅新天地；还是像莉一样，留守原地，企图用自己微薄的力量去扭转自己在人们心目中的固定形象呢？

其实，慧和莉的经历，已经明确地告诉我们正确答案了。与其留在一个戴着有色眼镜看自己的环境中，不如选择一个新的地点，重新开始。别人的怀疑，如果在自己看不见的地方，那根本影响不到自己；可是，如果近在身边，可以能让自己的人生遭受灾难性的打击。古语有云：“众口铄金。”众人的指责，连如铁石般坚硬之物都可使之熔化，更何况是人呢？

面对诬陷，我们当然应力证清白，但是，如果我们在短时间里用尽办法都无法解决的话，不如选择离开，然后用对付那些带异样眼光看自己的人的力气，去充实自己，让自己活得更好，也只有这样，才是真真正正为自己活着。

从古至今，冤假错案从不曾在任何一个时代缺席，而受诬受辱之事，更是常常发生。战国时期著名的政治家、外交家和谋略家张仪，就曾被诬并受笞刑之辱。

司马迁《史记》卷七十《张仪列传》中记载道：张仪已学而游说诸侯。尝从楚相饮，已而楚相亡璧。门下意张仪，曰："仪贫无行，此必盗相君之璧。"共执张仪，掠笞数百。不服，释之。其妻曰："嘻!子毋读书游说，安得此辱乎?"张仪谓其妻曰："视吾舌尚在不？"其妻曰："舌在也。"仪曰："足矣!"

张仪是魏国人，曾经师从于鬼谷子，学习纵横游学。张仪学业完成之后，他重新回到魏国，因为家境贫寒，求事于魏惠王不得，远去楚国，投奔在楚相国昭阳门下。昭阳率兵大败魏国，楚威王大喜，把国宝"和氏璧"奖赏给了昭阳。一日，昭阳与其百余名门客出游，饮酒作乐之余，昭阳得意地拿出"和氏璧"给大家欣赏，传来传去，最后"和氏璧"竟不翼而飞。大家认为，张仪生活贫穷，品德肯定低下，而"和氏璧"又如此值钱，肯定是他拿走了。张仪没拿，死活不承认。昭阳于是严刑逼供，张仪被打得遍体鳞伤，但始终不承认，最后，昭阳怕出人命，只得放了他。

张仪回到家，妻子看到遍体鳞伤的丈夫，不免悲伤地感慨道："唉！您要是不读书游说，又怎么能受到这样的屈辱呢？"

张仪却反问妻子："我的舌头还在吗？"

妻子告诉他还在，张仪于是苦笑着说："那就够了。"

半年后，张仪的伤口愈合，他又回到魏国，因未获重视，再辗转进入秦国，并被惠王委以重任。张仪在秦国如鱼得水，他运用纵横之术，令秦的势力不断扩大，而张仪的地位也不断提升。张仪做了秦的相国之后，发布文告告诉楚的相国："当初我跟从你赴宴，我没有偷盗你的玉璧，你打我。请你好好守着你的国家，因为我马上就要来偷走你的城！"

因被诬偷璧而受的辱，以偷城之举还之，而且昭告对方，这个举动正表明了张仪是个正大光明之人：偷城我尚且通知你，偷一块小小玉璧我岂不会认，以前你污蔑我，现在知道你当初有多无知了吧。

被诬受笞之事对张仪来说可谓是人生的一个转折点。如果当初昭阳没有怀疑张仪，并用礼贤下士的态度来对待他，像秦惠王一样重用他，可能中国的历史就会改写。而如果张仪受辱之后，也像妻子一样，后悔自己因读书而受罪，从此自我消沉，也不会有后来扬眉吐气的纵横大家张仪。

所以，面对侮辱，我们不必执著地呆在原地，如果情况允许，我们可以选择离开，然后活得更好地回来，让自己的光芒照射得他们睁不开眼。那些曾经污蔑、讽刺你的人，就算仍然固执地认为你是当初的"罪者"，也会因为仰仗你的光芒，而觉得过去的事情是那么地微不足道，甚至会因此相信过去的你根本就不是事件的制造者。

当然，并不是人人都能像张仪一样，变得如此成功，但是，就算最后你不能像张仪一样，变得非常成功，你也会因为离开而获得原本属于自己的正常人生，而不需要活在别人的有色眼镜之下，变得敏感与脆弱。

## 保持平常心

虽然，面对受辱最好的方法是转身离开，但是并不是所有的人在遇到不对等的遭遇时，都能迅速地抽离。有时候，因为种种原因，我们只能留在原地，在这种情况下，我们就必须学会选择性隔绝视听，把注意力集中到自己的生命重心中来，而不要将旁人的说辞与眼光看得过于重要。

有一位网友在他的博客上记录了一个这样的事：

最近我有一位当校长的朋友被一名家长辱骂，当时校长朋友眉头都没皱一下。事后，我问朋友，读书人可杀不可辱，怎能受如此窝囊气？朋友笑了笑回答我："如果有人给你寄封信，而你不打开，你还会受内容影响吗？受辱时就这么做，心境自然就不会受影响。"

朋友的话让我感慨万分。智商与情商是成功的重要元素，一个真正的成功者通常具有很强的自我调节情绪的能力。当我们面对人生的不公平，面对情感困惑，面对逼迫和屈辱时，我们多么需要的这股勇气和智慧来改变心里的怒气。因此，若能克服己心，则何事足惧？

博主的这位校长朋友可谓深谙受辱的解决之道：保持一颗自然心，同时，自我选择要听的与要看的，屏蔽掉那些不好听的与不忍看的，人生就会变得开阔。

这个社会通情达理的人很多，同时，蛮横不讲理的人也同样多，正因为这样，这个世界才呈现出如此多彩多姿的风格与面貌。很多人总是习惯于用自己的观念去评判别人，而且一旦有人与自己的观念不同，就愤慨难耐，觉得没天理。还有的人，非常在意旁人的看法，一有风吹草动，流言飞语，便辗转不安，性情躁乱。有句话说得好：生气就是拿别人的错误来惩罚自己。这是何苦呢，自己在这边生气气得七窍生烟，而肇事者却浑然不知，更不会因为你的生气而让他的生活失色。

而这位校长则深深地明白，我们不能苛求别人与自己一样，如果人人都知书达理，人人都能明辨是非，那么这个世界就不会有争吵斗殴，更不会有战争与杀戮，早就进入和平盛世了。所以，如果遇到那些无理取闹的人的言语侮辱，大可不必将其放在心上，把他们当作是他们在侮骂他们自己好了。

有几位网友在博客上的留言非常有智慧，其中一位说道：

那位辱骂校长的家长，他的辱骂，愤怒，不平，因校长的“眉头都不皱一下”而全部回返在他自己身上。

不知校长是否修行人？校长“我自岿然不动”的修养好是好，但也有美中不足之处。

如果是修行人，时刻都要有“悲智双运”的风范，不但自己不回嗔，而且要祈求佛菩萨不要降罪于他，要心存此想：“都是因为我在某方面做得不够圆满，才引起他的愤怒，我已原谅了他的辱骂，请佛菩萨宽恕他，因为他不知道自己在做什么。”

会念经咒的修行人事后还应该念经咒回向给他，让他消业，离苦得乐，这样，他来世就不会因此原因和你又结“不了缘”。试问，修行人能忍心看到他下辈子做来还你债的眷属吗？

以上是我的一点肤浅看法，如有冒犯之处，请博主原谅，指正。

上面这位网友可以说是达到了圣者的境界。耶稣曾受辱过，他被钉上十字架，与强盗同列，可耶稣还依然说："天父啊，赦免他们，因为他们不晓得他们做的事。"

耶稣与修行人的做法，当然值得称颂，但是，却并非是人人都可以做得到的。所以，下面这位网友的观念，可能对芸芸大众更有借鉴意义。

这位校长朋友真是不错！正所谓"一分气度一分福，十分气度十分福"。

世俗的观念中，大多数人以为容忍是懦弱的表现。其实不然，容忍，恰恰是无畏的表现，尤其是有身份的人"得势不临"的那个忍更显得大义凛然。

面对他人的侮辱，胆怯者不堪其扰，势必竭力反抗，乃至狂舞"士可杀，不可辱"的旗帜而奋不顾身。这类人自以为"不可辱"，而不知自己太在意别人的一句话、一个动作，因而常常受辱。只有能容忍的人，才是真正的"不可辱"者。"有人给你寄封信，而你不打开"，或者，即使打开了，而你是一个具有免疫力的人，你就能做到不受其影响，这才叫"不可辱"——面对辱境而不动其心——这样的人，才配叫做"士"。

## 容忍者才是真正的“不可辱”者！

上面这个网友的观念，可以说是跟宋朝的大文豪苏轼的观念一致。

苏轼在《留侯论》里面曾说道：

古之所谓豪杰之士者，必有过人之节。人情有所不能忍者，匹夫见辱，拔剑而起，挺身而斗，此不足为勇也。天下有大勇者，猝然临之而不惊，无故加之而不怒。此其所挟持者甚大，而其志甚远也。

古时候被人称作豪杰的志士，一定具有胜人的节操，有一般人的常情所无法忍受的度量。有勇无谋的人被侮辱，一定会拔起剑，挺身上前搏斗，这不足以被称为勇士。天下真正具有豪杰气概的人，遇到突发的情形毫不惊慌，当无故受到别人侮辱时，也不怒而失控。这是因为他们胸怀极大的抱负，志向非常高远。

中国文化博大精深，就“受辱”这个现象就出现了众说纷纭的说法。有人会觉得“士可杀不可辱”，可有人又会提出“大丈夫就应该不拘小节，能屈能伸”，有人觉得“拔剑而起”、“扬眉剑出鞘”是为勇，而苏轼却认为“猝然临之而不惊，无故加之而不怒”才是志远者。

苏轼在这篇文章里面写了好几个遭受羞辱而泰然处之的大人物，第一个就是张良。

张良出生于贵族世家，祖父和父亲都曾是韩国的宰相，到了张良的时代，韩国已逐渐衰落，被秦国灭了。心存亡国亡家之恨的张良，一心只想刺杀秦始皇。

张良散尽家资，找到一个大力士，为他打制一只重达120斤的大铁锤（约合现在50斤），乘秦始皇东巡，张良安排大力士埋伏车队必经之地，锤击车队最豪华的马车。120斤的大铁锤一下将乘车者击毙倒地。然而，被大力士击中者为副车，秦始皇因多次遇刺，早有预防准备。

张良锤击秦王未遂，被悬榜通缉，不得不埋名隐姓，逃匿于下邳(今江苏睢宁北)，静候风声。

一天，张良闲步沂水桥头，遇见一个穿着粗布短袍的老头。这个老翁走到张良的身边时，故意把鞋掉到桥下，然后傲慢地差使张良道："小子，下去给我捡鞋!"

张良愕然，但还是强忍心中的不满，违心地替他取了鞋上来。

老人跷起脚，命张良给他穿上。张良真想挥拳揍他，但此时他已久历人间沧桑，饱经漂泊生活的种种磨难，因而强压怒火，膝跪于前，小心翼翼地帮老人穿好鞋。老人非但不谢，反而仰面长笑而去。张良呆视良久，只见那老翁走出里许之地，又返回桥上，对张良赞叹道："孺子可教矣。"并约张良五日后的凌晨再到桥头相会。张良不知何意，但还是恭敬地跪地应诺。

五天后，鸡鸣时分，张良急匆匆地赶到桥上。谁知老人此刻已等在桥头，见张良来到，骂他说："与老人约定，为什么迟到！五日后再来!"说罢离去。结果第二次张良再次晚老人一步。第三次，张良索性半夜就到桥上等候。他经受住了考验，其至诚和隐忍精神感动了老者，于是老者送给张良一本书，说："读此书则可以成为王者的老师，十年后天下会大乱，你可用这本书兴邦立国，十三年后再来见我。"说罢，扬长而去。

这位老人就是传说中的神秘人物：隐身岩穴的高士黄石公，亦称“圯上老人”。

张良惊喜异常，天亮时分，捧书一看，原来是《太公兵法》。从此，张良日夜研习兵书，俯仰天下大事，终于成为一个深明韬略、文武兼备、足智多谋的国家级“智囊”。

圯上老人特意用傲慢无礼的态度狠狠地羞辱张良，如果张良无法保持一颗平常心，忍受侮辱，那么，他肯定无法获得兵书，更不可能成为“汉初三杰”。

面对受辱，保持平常心，忍耐非常重要。有一位网友说得好：

人总得明智点，自己开导自己，别为自己臆想的一个仇敌浪费生命。你现在所敌对的东西是不存在的，不如转开目光，美好的东西很多，别盯着这些不美的地方了。人的生命有限，苦乐都是一天，何不弃苦求乐呢?

## 有些事，没有人会记得，除了你自己

每一年的同学聚会，陈彬老是缺席。在通知他的时候，陈彬每次都会微笑着一口答应下来，可到了那一天，他就会找出各种各样的借口缺席。起初，同学们还以为他是真的有事，可次数一多，大家渐渐生疑，觉得他太不对劲了，于是便让我去跟陈彬聊聊。

我跟陈彬虽然同在一个城市工作，可是，却很少联系。陈彬见到我的时候，脸上露出非常惊讶的表情，听到我的来意后，刚开始，陈彬并不愿意跟我分享他的真实想法，他还是一口咬定说每次都有事。看到他这样，我也不再追问，便跟他闲聊了起来，中途，他突然问我：你还记得高三时老师批评我的那件事吗?

我摇摇头，因为在我的印象里面，陈彬是一个成绩很好的同学，各科老师都很喜欢他，经常表扬他。

陈彬听我讲完，深深地舒了一口气，他说，在高三那年，有一次模拟考他考得很不好，当时班主任非常生气，于是让他叫家长来学校。正好那一段时间陈彬的母亲生病了，父亲天天都疲于照顾母亲，他于是找了一位叔叔，冒充父亲，去学校见老师。可不知为什么，老师居然知道了家长是被冒充的这件事，在上课时，当着全班同学狠狠地批评了他，并且说他是一个骗子。陈彬一直是三好学生，受到这样的批评，他当时觉得很没面子，虽然他并没有表现出不快，并且也很用功读书，但是考上大学后，他就不再主动跟高中的同学联系了。

老师当着全班同学批评他的场景，一直深深地印在他脑海，他觉得同学们肯定也跟他一样，把这件事记得很清楚，并且会受老师的影响，认为他是一个坏孩子。所以，他干脆避免与同学的见面，以免因这次事件受到同学们的白眼与嘲笑。

听他说完，我告诉他，我们每年同学聚会都会因为他的缺席而谈起他，可是我们没有一个人会说起老师当年批评他的事。因为那件事对我们而言，根本一点印象都没有，他留给我们印象向来都是成绩好，人也很好。

是吗？陈彬眼中啜满了泪，很激动地看着我。

心结解开后，我们再聚会，陈彬都会出席，当然，他也发现，同学们都跟我说的一样，没有人提到他耿耿于怀的那件事，他也慢慢地恢复了跟同学们的联系。

陈彬的经历让我非常有感触，每个人，都习惯性地将自己当作生活的重心，以为当下发生在自己身上的每一件事都非常重要，同时，也让别人难以忘记。其实，回过头我们会发现，当初觉得很重要的事，对现在的自己而言，会变得一点都不重要，对别人而言，更加是一点印象都没有。

大学毕业那年，小言一直心事重重，因为小言听说，从他们这一届起，学校要求所有同学必须要过英语四级方能领取毕业证。可小言却屡战屡败，毕业前夕，她一直惴惴不安，想着如果没有毕业证，自己这四年就白读了，工作也找不到，更浪费了父母的血汗钱。大学最后一个学期，同学们都去找工作了，可是她却不敢，每天跑去自习室复习，希望能在最后一次考试中，成功过关。考试前，小言到处祈愿，希望可以顺利通过，可是，成绩公布后，她却傻了眼，59分！离及格只差一分！

她不敢跟任何人说话，生怕别人问起自己的考试成绩，也不敢问学校是否会发毕业证，更不敢找工作，生怕工作单位都要她拿毕业证出来。

后来，学校发出通知，毕业证并不与四级证挂钩，小言最终还是获得了毕业证，可是她却一直觉得所有人都在用异样的眼光看着她，所有人都知道她没有考过四级。

事实却是，毕业在即，同学们都忙于找工作，或者庆祝毕业，根本就没有人想起小言过没过四级的事。后来，小言拿着毕业证找工作时才发现，并不是所有的公司都要求英语过四级，并且最后也成功地找到了一份工作。最开始的时候，小言很紧张，只要有同事提到“英语”两个字，她都会出一身冷汗。有一次，她跟朋友谈起自己的工作，说道：如果当时过了四级，不知会不会更好？没想到，朋友却反问她：怎么你没过四级么？我们还以为你早过了，不过，就算你没过，这个证对现在的你而言，有任何帮助么？

小言突然发现，其实上，自己的工作跟英语一点边都搭不上，职位的晋升更与这个证无关，想通了以后，她才逐渐平静，不再因为这件事而耿耿于怀。

很多人可能觉得小言的这种行为非常幼稚可笑，然而，又有谁不曾犯过这种傻呢？

我们总会以为自己在别人的眼中都是放大的，尤其是缺点，所以，一旦我们出现了“短板”，内心就焦虑万分，生怕别人会动不动就拿那件事来戳伤我们。然而，我们却忘了换位思考：我们每个人都一样，都在不断地紧张着自己的点点滴滴，哪有时间去管别人活得好坏？

所以，每当因一些自己觉得非常重要的事情而变得焦虑、紧张时，请告诉自己：放轻松，没有什么事是大不了的，说不定，十年以后你回过头来发现这个事情在我们人生的长河中，微小得如同沙砾般不足挂齿。甚至，我们根本就不会记得自己的人生曾经发生过这件事情，更提不上它对我们的人生有多大的影响了。

学会放下，我们会发现，人生顿时开阔。

# 爱情并非生活的全部

REN SHEN MEI YOU GUO BU QU DE KAN

谁的爱不是刻骨铭心，肝肠寸断

惩罚自己，拉不回决意离去的心

学会走出情变阴影

## 谁的爱不是刻骨铭心，肝肠寸断

这是一个电台情感节目主持人讲述的故事。

打电话的女孩叫洁云，她讲了她的伤痛经历。

很多人都说“毕业了，就分手”，可是我当时并不相信这样的说法。我跟男友在一起五年了，我俩从小相识，可以说是青梅竹马、两小无猜。大学时，正式确认了恋爱关系，虽然在不同的城市读书，但相隔不远，时常碰面，关系不仅没有变淡，反而更浓了。大学毕业后，他去了南方的一个城市当兵，为了能够靠近他，我放弃了留在家乡城市的好工作，在他的部队所驻的省份找了一份工作。但是，虽然在同一个省份，他在省份的南端，我在省份的北端，两地的距离甚至比跨省份还要远。部队驻地地处偏远，过去一趟不仅要坐一个晚上火车，更要辗转几次车次，几乎要花上整整一天的时间，加上部队的休息时间非常少，两人见面的机会因而不多。部队的生活艰苦，这对出生在城市的他是一个很严峻的考验，一年后，他告诉我要准备考研，逃离这个环境，我也很支持。

备考复习的时间很紧迫，当兵的任务也很重，我就尽量不去看他，连打电话聊天的时间也尽量缩减，以免打扰他。苦读了一年后，男孩终于考上了研究生，同时也意味着，我们的距离更远了——男孩就读的学校在另外一个省份。开始时，我们还是很兴奋的，因为，在学校读书的时间比较松动，而且有寒暑假，见面的次数会增加。

一切看起来都在变得更好了，但是，我却隐隐发现，重回校园的他并没有因为时间充裕而和我联系繁密起来，反而以一句“习惯了偶尔打电话”的说辞来掩饰冷淡。虽然觉得有点不安，但我仍然说服自己相信他。

好不容易挨到了寒假，我风尘仆仆地赶回家与他见面，却看到了比百年不遇的冬季还冷的眉眼。

“分手”。他的语气不容置疑。

突如其来的变故让我头脑一片空白。我不明白两人一起走过七年，从小到大互相关怀和依赖的感情，怎么可以说没了就没了。我拼命想挽回，可越是这样，他越是决绝……

女孩说到此，泣不成声。

主持人等女孩慢慢平息下来，温和地问她：“你知道问题出在哪里吗？”

女孩抽泣着说：“我很混乱，不知道哪里出了错。”

主持人说：“你知道舒婷的诗《致橡树》吗？你静下心来，让我念给你听。”

《致橡树》

舒婷

我如果爱你——
绝不像攀援的凌霄花，
借你的高枝炫耀自己；
我如果爱你——

绝不学痴情的鸟儿，
为绿荫重复单调的歌曲；
也不只像泉源，
常年送来清凉的慰藉；
也不只像险峰，增加你的高度，衬托你的威仪。
甚至日光。
甚至春雨。
不，这些都还不够！
我必须是你近旁的一株木棉，
作为树的形象和你站在一起。
根，紧握在地下，
叶，相触在云里。
每一阵风过，
我们都互相致意，
但没有人
听懂我们的言语。
你有你的铜枝铁干，
像刀，像剑，
也像戟，
我有我的红硕花朵，
像沉重的叹息，
又像英勇的火炬，
我们分担寒潮、风雷、霹雳；
我们共享雾霭流岚、虹霓，
仿佛永远分离，
却又终身相依，
这才是伟大的爱情，
坚贞就在这里：

不仅爱你伟岸的身躯，

也爱你坚持的位置，脚下的土地。

主持人读完，两个人沉静了一会。

主持人接下去说："西方有位哲人说过，'世界上原本没有男女，他们是一体的，觉得单调就一分为二，从此便多了很多的繁杂纷争，人们乐此不疲地寻找着另一半，并为寻找赋予了理由：爱情。'我们寻找爱情，是为了在大千世界芸芸众生中寻找属于我们自己的、与我们相适应的另一个半圆，从而合成一个圆满的幸福人生。这样的两个生命的半圆，应该就像舒婷诗中描写的那样，是两棵并肩站立的大树。'根，紧握在地下，/ 叶，相触在云里。/ 每一阵风过，/ 我们都互相致意''你有你的铜枝铁干，/ 像刀，像剑，/ 也像戟，/ 我有我的红硕花朵，/ 像沉重的叹息，/ 又像英勇的火炬，/ 我们分担寒潮、风雷、霹雳；/ 我们共享雾霭流岚、虹霓，/ 仿佛永远分离，/ 却又终身相依，/ 这才是伟大的爱情'。人一生任何时候都不能失去自我，都必须独立，包括在恋爱时；如果我们失去独立，我们的生命将无比脆弱，不堪一击。我们寻找爱情，是为了寻找真正属于我们的另一半生命，互相给予和补充，互相扶持和支撑，齐头并进，让两个半圆的生命，得到一个丰盈的圆满。"

恋爱中的双方任何一方如果放弃自我和独立，将生命的重负和希冀依附和寄托在对方身上，那样的关系不再是两株并肩站立的树，而是树和藤蔓，那样的关系是不健康的。对于依附者来说，是将自己的人生和幸福不负责任地交付给别人，一旦情感变故，生命天地就全部颓塌。对于被依附一方来说，也是不公平的，半圆的生命，失去了另一方的支持和映照，人生将不堪重负，单薄和无味。"

女孩轻轻地说："我好像明白了一点，我太过以他为中心了，放弃了自我。"

主持人说："是的。你的问题就是出在你为这段感情放弃了自我。你为他放弃了原本可以得到发展的好工作，为了靠近他，到他驻地的省份工作。你一切以他为生命重心，围绕他的轨迹旋转。他下部队、考研、读研，自身的发展每一步都没有停下来，他在发展的时候，你却停止了自我的发展，人生的目标都是为了迁就他，配合他，等待有多点机会和他相处。”

女孩仿佛有所触动，沉默了一会，说：“其实，在身处异地的两年，我们的感情已经由浓转淡，有时候，一连好几天不打电话，都感觉没有什么关系；很长时间不见，也不会特别挂念；见面了，也发现能聊的话题越来越少；甚至有时候也会偷偷想过要分开。可是现在真的分开了，思念的感觉却一下子强烈起来，而且痛不欲生。”

主持人劝慰道：“恋爱是两个生命互相寻找和探求的过程，我们通过恋爱寻找真正属于我们的那个半圆，体验和感受爱情，除此之外，在恋爱的背后是我们的学习和成长。我们通过恋爱，学习接近和了解另一个生命，学习与另一个生命近距离深入交往和相处，学习在依恋的同时保持独立，在善待对方的同时完善自己。不要以为失恋只是伤痛和失去，我们在情感的挫折中要学会坚强和独立，学会原谅和宽容。要记住的是，我们全身心地付出情感和爱，如果得到的是挫折，不是我们不够好，甚至也不是对方的错。我们通过恋爱，有时候，我们在这个大千世界找到了合适我们的另一半；有时候，激情过后，发现彼此并不合适；有时候，什么都对了，只是时间地点不对；还有很多时候，恋爱双方步调变了，彼此有了差异，裂痕也由此产生……”

女孩突然接过话题说：“道理我也懂，但我现在这样跟他分手，跟离婚并没有两样。我们从小在一起，双方的父母也相识，我认识的所有人都认识他，并且认为我们应该会永远在一起。可是，现在他要走开了，我试着剥离有关他的一切，可是他就是那么无所不在，我的每一个细胞都有着关于他的回忆，我想把自己同过去撕裂开，可是怎么撕都撕不掉。我想，我估计得把自己熔掉，然后把那些有关他的回忆去掉，然后再用那一丁点没有他的回忆，再打造一个完完全全属于我的小小的自己。我想，如果真有这种技术的话，我应该只有小手指那么大了吧。”说到这里，女孩又开始伤心。

主持人说："七年的感情，已经成为生命的重要部分，成为人生习惯里的主要内容，要剥离和除去，一定是血淋淋的撕裂和伤痛。要在这样的一段情感挫折中复原，需要相当长的时间。其实，身陷其中才会难以自拔，跳出来看就会看开很多。我讲一个佛印大师的故事给你听。"

佛印大师正坐在船上与苏东坡把酒话禅，突然听到有人大喊，"有人落水了！"

佛印马上跳入水中，把落水的人救上岸来。被救的原来是一位少妇。

佛印问她："你年纪轻轻，为什么寻短见呢？"

少妇说，"我刚结婚三年，丈夫就遗弃了我，孩子也死了。你说我活着还有什么意思？"

佛印又问："三年前你是怎么过的？"

少妇的眼睛一亮："那时我无忧无虑、自由自在。"

"那时你有丈夫和孩子吗？"

"当然没有。"

"那你不过是被命运送回了三年前。现在你又可以无忧无虑、自由自在了。"

少妇揉揉眼睛，恍然一梦。她想了想便走了。以后再也没有寻过短见。

女孩说："我明白了。虽然我现在依旧在崩溃中，但是，知道了走出去的方向，我会努力走出去。谢谢主持人！我一定会努力度过去的。"

主持人说，"很高兴能够帮到你。但是你还要感谢一个人。"

女孩说："谁？"

主持人说："你的前男友啊。"

"凭什么要谢他？"女孩有些忿恨。

“不要以为失恋只是伤痛和失去，我们在情感的挫折中学会坚强和独立，学会原谅和宽容。要记住的是，我们全身心地付出情感和爱，如果得到的是挫折，不是我们不够好，甚至也不是对方的错。一段情感，七年时光很长，这七年的情感记忆中必定给你留下了很多美好的东西，这些美好的东西伴随你成长，成为你生命的色彩。要告别这段七年感情，很伤痛，但是，它让你懂得了独立的重要。七年很长，但是你还很年轻。生命的果园不只是你手中的这个果实。果实烂了，你不必在空空的树下长时间地哀恸和痛哭，擦干眼泪，抬头向前看，人生道路漫长，路两旁长满果树，浓郁的枝叶里，都是美艳的果实。西方有一句名言，说是‘上帝关上一扇门，必定开启了另一扇窗’。你只有从这扇已经关上的门前决然走开，才有可能看到另一扇窗户里的美景。经由这次情感挫折，你得到了成长，学会放弃这个不再适合你的另一半，原谅对方。生命前路，自然有适合你的半圆在对的时间和地点等待与你邂逅。生活瞬息万变，情感在生活激流中生长，一定会受感染和影响，当一切都在变的时候，我们唯有在情感中保持独立，并在其间成长，才能避免没顶和崩溃。”

女孩道谢之后挂断了电话。

主持人在心里为她祝福。时间一定会平复她心中的伤痛，每一段全情投入的感情都会刻骨铭心，在肝肠寸断的伤痛中我们才慢慢成长。

## 惩罚自己，拉不回决意离去的心

北京时间2009年10月31日早上7时许，歌手陈琳在东坝奥林匹克花园701号楼9层跳楼自杀身亡，这个曾经唱着《你的柔情我永远不懂》、《爱就爱了》的新时代独立女性，其自杀的行为引起了巨大的关注，人们纷纷在猜测是什么原因让其走上末路。而陈琳的一位密友则透露，陈琳自杀确实与“情”有关。前夫的出轨令她心伤不已，与现任丈夫的不合，更令她情绪低落。密友还表示，陈琳至今对前夫念念不忘，“毕竟两人的感情长达10年。而陈琳选择在前夫生日当天自杀，我想就说明了一切。”

很多人在面对情变时，往往会用伤害自己的手段来报复已经不再爱自己的人，以为这样会引起决意离去的对方的注意，让曾经生死相恋的对方能够因此痛惜而留步，甚至回心转意；即便不能挽回对方的心，至少要让自戕甚至自杀的惨状，让对方终生不安和内疚。其实，这是非常错误的一种做法。

我们应该理性地看待这个事情。首先，恋爱是双方自愿的，一段情感能走多远，谁也不能肯定，包括我们自己。相爱是真的，变化也是真的。世界上没有任何事情是僵死不变的，情感也是一样。我们说即使在恋爱中我们也要保持独立，就是因为情感不可能是一成不变的这个前提。

有一对非常相爱的男女，他们常常会相依在山顶望日出，相偎在海边送夕阳，每个见过他们的人都会投以羡慕的目光，为他们祝福。有一天男人不幸受了重伤，他躺在医院的病床上几天几夜都没醒来过。白天，女人就守在床前不停呼唤着毫无知觉的爱人；晚上，她就跑到镇上的小教堂里向上帝祈祷，她几乎快哭干了自己的眼泪。一个星期过去了，男人依然如故地昏睡着，而女人早已变得憔悴不堪了，但她仍然在苦苦地支撑着。终于有一天，上帝被这个痴情而执著的女人感动了，于是上帝决定给这女人一个例外。上帝问她：救他只有一个办法，就是拿你的生命来交换，但是，你真的愿意用自己的生命来交换吗？女人毫不犹豫地回答：是的。上帝说：那好吧，我可以让你的爱人很快就好起来，但是你要答应化作三年的蝴蝶，这样的交换你也愿意吗？女人听了激动而坚定地回答道：我愿意！

天亮了，女人已经变成了一只美丽的蝴蝶，她告别了上帝便匆匆地赶回了医院。她发现男人真的醒了，而且他还正在跟一位医生交谈着什么，可惜她听不到，因为她飞不进那间屋子，她只能隔着玻璃窗远远地望着自己心爱的人。

几天后男人便康复出院了，但是他并不快乐，他向每个路人打听女人的下落，但是没人知道女人究竟去了哪儿。男人整天不食不休地寻找着，他是那么地思念着她，那么地想见到她。变成蝴蝶的女人围绕在他身边，只是她不会呼喊、不会拥抱，她只能默默地承受着他的视而不见。

夏天结束了，秋风吹落了树叶，蝴蝶不得不离开这里了。于是她最后一次飞落到男人的肩膀上，她想用自己轻薄的翅膀抚摸他的脸，用细小的嘴来亲吻他的额头。然而她微弱的身体实在不足以被他发现，悲伤的哭泣声也只有蝴蝶自己听得见，她只好恋恋不舍地告别了爱人，飞向了远方。

转眼间很快便到了第二年的春天，蝴蝶迫不及待地飞回来寻找自己的爱人，然而她发现熟悉的身影边竟站了一个漂亮的女人。那一刹那，蝴蝶几乎从半空中坠落下来，她实在不相信眼前的场景，更不相信人们口中的谈论。人们讲述着圣诞节时男人病得有多严重，讲述着那名女医生有多么地善良可爱，还描述说他们的爱情有多么地理所当然，当然也描述了男人已经快乐如从前……蝴蝶伤心极了，接下来的几天，她看到自己的爱人带着那个女人到山上看日出、在海边送日落，曾经属于自己的一切，转瞬间主角换成了另一个女人，而她自己除了偶尔能停落在他的肩膀上以外，竟什么都做不了。

这一年的夏天特别长，蝴蝶每天痛苦地低飞着，她已经再没有勇气接近自己的爱人。他和那女人之间的喃喃细语，他和她快乐的笑声都足以令蝴蝶窒息死去，于是在夏天还没有结束之前，蝴蝶便早早地飞走了。

花开花落，花落又花开，对于一只蝴蝶来说，时间似乎只意味着这些。第三年的夏天，蝴蝶看见爱人轻拥着女医生的肩，轻吻着她的脸，根本就没有时间去留意一只心碎的蝴蝶，更没有心情去关注上帝与蝴蝶约定的三年期限很快要结束了。就在最后一天，蝴蝶的爱人跟那个女人举行了婚礼。小教堂里坐满了人，蝴蝶悄悄地飞了进去，轻落到上帝的肩膀上，她听着下面的爱人对上帝发誓说：我愿意！她看着爱人把戒指戴到那个女人手上，然后看着他们甜蜜地亲吻着，蝴蝶流下了伤心的眼泪。

《肩膀上的蝴蝶》这个故事告诉我们，情感不可能是一成不变的，情感的变化其实是无所谓对错的。

一旦恋情中断，疼痛是双方的，只是离去者是在另一方全然不知的情况下先行挣扎，然后做出决定；对于被蒙在鼓里的另一方来说，在毫无防备之时，遽然面对恋情中断，一定会被击垮，接受不了。放下一定是惨痛的，当曾经生死相许的恋人突然反目无情，伤到我们的不仅是恋爱本身，更是我们的自尊心和自我评价骤然被粉碎。很多人会情绪激烈，争吵、恳求、极力挽回；或者情绪低落，抑郁、绝望，甚至采取自戕、自杀和伤害对方的过激行为。殊不知，自我惩罚和过激行为，是拉不回决意离去的心，反而使自己尊严尽失，面目可憎。

我们可以换位思考：如果是我们自己对当下的恋情起了变化，如果我们被新的感情击中，在新感情的对比下，我们原先的恋情显得乏味和没有活力，如果我们决定放弃这段感情，决意离开曾经生死相许的人，或者放下让我们受尽折磨、令我们无法忍受的人……当我们决定中断恋情的时候，我们是否最希望对方能够接受这个结局，希望对方伤痛能够小一些？我们最不愿意看到对方死缠烂打，如果对方情绪失控，自戕、伤人，甚至自杀，是不是只会让我们心生反感，连原本的内疚都没有了？

所以，自戕、自杀和伤害对方，只能够将对方残存的一点内疚抹杀殆尽，让对方更有心安理得的理由。

陈琳的离去，相信她前夫和丈夫会被触动，但是，触动和心痛只是暂时的，决计不会影响到他们各自的生活。以自己最珍贵的生命，换取两个并不爱自己的男人刹那间的触动，值得吗？要记住，生命珍贵，生命尊严，不值得为任何不爱我们的人去放弃！

曾经有一个女孩失恋，自杀未遂。女孩在医院醒过来，病床边，母亲泪流满面地对她说：“你以为你死了他就会内疚一辈子吗？你今天如果自杀成了，明年的清明节，他或许会到你的墓前流泪，但是女儿啊，之后他照样结婚生子，过他的幸福生活。女儿啊，你的生命难道就只是为了负心人一个清明节的几滴眼泪吗？”女孩为母亲的话震撼，从此弃绝自杀的念头。后来，女孩遇见了一个真正爱她的男孩。女孩感慨万千，她对母亲说，她要感谢之前抛弃她的男孩，因为他的放弃，才使她有机会遇上后来的丈夫，得到一份难得的幸福。要不然，她一生将过着疙疙瘩瘩的鸡肋婚姻生活。她更要感谢母亲，让她打消自杀的念头活下来，等到一个适合自己的人，等到了幸福。

放下是惨痛的，但我们必须放下。我们被失恋击垮并不可耻，因为我们全情投入，背叛一定让我们伤痛没顶。我们要修复自己的尊严和自信，唯一的办法只有放下旧有的一切，不再抱任何幻想，尽快爬出深渊，站立起来，迎接全新的恋情。情歌里唱的“只要你过得比我好……”其实在失恋的伤痛里一定要反过来唱：“我一定要过得比你好……”只有这样，我们才能支撑自己走出阴影；只有这样，我们才会对未来怀有希望。我们只有在人生的后面，遇上真正属于自己的另一半，我们的伤口才会愈合。问题就在，我们必须走出来，我们必须让自己活得更好。

佛说，我的爱依然在，他不爱了，应该是他失去了，我并没失去什么。

所以，无论多么伤痛难忍，我们都要学会放下，人生很长，我们失去的绝不是上帝、救世主，而只是一个跟我们一样平凡的半圆，这个半圆还是一个不适合我们的半圆。我们只有放下这段变质的恋情，才能把心灵垃圾清空，造物主才有可能把新的缘分种子送到我们新生的生命之中，生根、发芽、开花……

## 学会走出情变阴影

### 一、要告诉自己再痛也要放下

失恋的时候，我们痛不欲生，是因为感情随着时光已经深深植入我们的内心，和我们的生命血肉交缠，成为我们主要的生活内容。恋情的中断，恋人的离去，就像在我们心里连血带肉地拔掉一棵大树，人怕痛的天性和人的惯性决定了不愿意面对和接受这个结局。因此，失恋的人首先要做的就是说服自己接受失恋这个结局，既然对方决意离去，我们就不要再抱任何幻想，再痛也要放下。只有放下了，才能够尽可能快地走出失恋阴影。

### 二、放手变质感情，留下自尊和希望

失恋对于我们不仅仅是失去感情，更重要的是我们会觉得自我价值遭到否定，让我们觉得自尊被摧毁。尤其在亲朋好友前面，我们觉得被抛弃，很失败。其实，恋人分手并不是世界末日，恋人的离去只能说是不合适，并不是说我们不够好。任何对方只代表他们自己，他们也只是和我们一样，是在人群中不断寻觅和碰壁的一个半圆。如果我们死缠烂

打，只会将我们仅存的自尊彻底打碎。我们只有接受失恋，放手变质的感情，用“旧的不去，新的不来”、“人生前路会有新的美好感情”来鼓励自己，重新站立起来，我们才会尽可能快地走出失恋的阴影。

### 三、相信时间是最好的疗伤药

时间是一个很神奇的东西，它让两个人由相识到相恋、由浅至深，而也是它让感情由浓转淡。在分手的临界点，往往是人最痛苦的时期。这个时间段里，人们往往有一种如五雷轰顶般的痛苦，人们也会因此变得忧伤、焦虑、日不思餐、夜不能眠，对生活失去兴趣、产生悲观绝望。所以，一定不要绝望，要相信人生没有过不去的坎，时间会治愈一切。坚持住，只要挺过这一段煎熬的日子，伤痛就会随时间的流逝一天天地钝化、麻木，血淋淋的创口会慢慢结痂、愈合，痛苦混乱的生活会慢慢地重新走上“正轨”。当然，或许在忧郁的某一天，心中还会隐隐地作痛，但毕竟最痛苦的时光已经过去了，你应该欣喜。

### 四、宣泄出来

“一份痛苦分给两个人，就只有一半的痛苦。一份快乐分给两个人，就有两份快乐。”倾诉本身就可以减轻内心的痛苦。如果你不愿意跟亲人或朋友倾诉自己的痛苦，那么，上网发帖也是个非常不错的选择，网友们通常更能从客观的角度去看待问题，给出最中肯的分析和解决办法。当然，最终的决定权还是在你手里。如果你不愿意上网发帖，至少可以以写日记的形式把内心的痛苦写下来，以此来宣泄淤积的伤痛；二是可以借此梳理自己混乱的思绪，寻找走出来的方向。

### 五、给自己足够的自信

受到失恋打击的人，往往容易对自己产生怀疑，会不断地想，是不是自己不够好，所以才招致恋人抛弃自己？其实这时候，不妨反过来思考，这个人离开了自己说不定还是个好事，并且多想想对方的缺点和两人之间潜在的不和谐因素，告诉自己，这样的恋情即便是不分手，也只是弃之可惜，嚼之无味。长痛不如短痛，不如分了的好。

### 六、学会“变态”

失恋时，最重要的就是要改变自己的态度。很多人失恋时都会走向极端，并得出了这样的结论：

（1）以偏概全——天下男（女）子都是不能信任的负心人。

（2）糟糕透顶——没有爱情，活不下去。

（3）追求完美——所有的痛苦都是不好的。

（4）归纳原因——对方不要我都是我的错。

而相反的，也有一些人得出了他们的结论：

（1）驿路梨花处处开，天涯何处无芳草。

（2）失恋不等于我整个人都是失败者。

（3）一个人不爱我不等于其他人都不会爱我。

（4）我仍拥有爱的权利。

（5）人间自有真情在。

（6）爱情并不等于人生的全部。

（7）很多人都经历过失恋，这并不丢人。

（8）“吃一堑，长一智”，士别三日，当刮目相看。

（9）痛苦并非一无是处，痛苦的经验可以帮助人成熟。

（10）问题不一定都出在我身上，我不负人，问心无愧。

转换一种态度，是不是觉得生活明朗无比？生活中，你千万不可钻牛角尖，自讨苦吃。如果你自认为失恋就是致命的伤害，那谁也救不了你。

## 七、要有一颗宽容心

失恋者对伤害自己的人会本能地产生仇恨。

歌德在《少年维特之烦恼》中描写了维特失恋时疯狂已极的心情：“在我破碎的心中常有一个念头疯狂地纠缠不休——杀死你的丈夫！——杀死你！”“爱有多少，恨就有多少。”甚至有人会用毁灭自己来报复对方，企图因此让对方悔恨终生。许多人当初对待情人如“春天般的温暖”，一旦自己的占有欲得不到满足，就转而如“秋风扫落叶”般无情地对待“敌人”！早知如此，何必当初，即使对方确实在某些方面对不起你，但残酷的报复又能挽回早已消逝的爱情吗？毁掉了别人，同样毁掉了自己的毕生幸福！为一个不爱你的人付出这样大的代价是否值得？

莎士比亚说：“当爱情的波涛被推翻后，我们应当友好地说一声再见。”你要是真正爱对方，就应当为对方着想，尊重对方的选择。何况，爱情不成友谊在，爱一个人如果得不到对方，那么默默地把这份感情埋在心底，将其化作真诚的友谊吧。

## 八、寄希望于未来

中国古语有云：“塞翁失马，焉知非福。”

钢琴大师李斯特17岁初恋失败后痛苦异常，一病就是两年，并发誓要进修道院，后来他结识了女作家达古夫人，从新的爱情中得到了拯救。《理智与情感》中，玛丽安娜失恋后悲痛欲绝，对母亲说：“我世面见得越多，越觉得我一辈子也见不到一个我会真心爱恋的男人。”她自我作践，差一点送掉性命。但姐姐的榜样，使她变得理智起来，用行动否定了她的“格言”，她发现自己屈从于新的情感，担负起新的义务，把她的整颗心完全献给了丈夫，过上了美满幸福的生活。

当我们坚信“下一个恋人会更好”时，我们会发现，人生因为前一个恋人的离去，而变得更加美好了。

# 压力源不是工作，是你的心累了

REN SHEN MEI YOU GUO BU QU DE KAN

又到了一天的下班时间，你从文件上，从电脑前，从报表和数据中抬起头时，是感到忙碌有效工作后的充实与满足，还是苦挨到解脱后的空虚疲惫？

你已经有多久没抬头看过天空是晴是阴，有多久没有顾及自己的兴趣爱好，有多久没有和朋友坦诚地谈过心？“家–公司”这样两点一线的生活已经持续了多久？

虽然自己为工作付出这么多，可为什么没有一丝成就感，有的只是无奈和身心俱疲？

“你工作快乐吗？”

“你的工作好吗？”

近来你是否经常被这样问到并且也开始习惯这样去询问别人？但问题也只是问题，答案总是让双方更加沮丧，因为每个人对工作都有着或多或少的失望和埋怨。

工作，似乎已经成了你生命中不可承受之重。

也许你和很多人一样，在刚开始进入职场的时候，感觉天地在我脚下，意气风发神采飞扬，自信很快就可以成就一番事业。可是没过多久，现实的磨砺就让你觉得工作很不开心，觉得生活已经没有了激情。

你从工作中得到你想要得到的了么？有没有觉得自己入错了行？有没有觉得自己没有得到应有的待遇？有没有觉得工作像一团乱麻，每天上班都是一种痛苦？有没有觉得其实现在的公司并没有当初想象的那么好？有没有很想换个工作？有没有觉得做这份工作只是为了维持生活，实在不适合自己？

如果以上答案都是肯定的，那么，无论你入职多久，你都已经进入了职业倦怠状态。

## 倦怠与逃避

“一想起要上班，我心里就厌烦得不得了，什么时候才能摆脱上班的苦恼啊?”小玲，23岁，入职不过短短几个月，就产生了“厌班症”。

毕业于某名牌大学的小玲在一家大型国企做办公室文员，每天的工作就是收发一些文件，偶尔组织一些单位的活动。

起初，满腔热情的小玲还向领导提出不少优化流程的建议，可大都没有了下文。同事们对她的积极却有了看法，认为她急功近利、好高骛远，这让她感到很委屈和困惑。

慢慢地小玲不愿再多说什么，只按部就班地干着自己的工作，这份在别人看来轻松的工作，在小玲眼里却越发变得单调和无聊。

除了工作的无聊，仅仅1000多元的薪水更让小玲在同学面前抬不起头来，“同学聚会的时候，总要明里暗里比较一下收入，所有人里我是最少的，要知道，上学时我的成绩一直是班里的前几名啊!”

小玲萌发了“跳槽”的想法，可遭到了家里人的一致反对。“这份在别人眼里想找都找不到的工作，可千万不要随便放弃。”

工作的单调，同事的不理解，再加上微薄的薪水，这让小玲怎么也提不起工作热情，“反正怎么干也是干，也没人说什么，不如随波逐流地混吧，可今后还会是这种日子吗?”想起这些，小玲就感到迷茫和无助。

小玲的状态可以说是诸多大学毕业生的缩影，那些参加工作不久的年轻人，往往对工作抱有很大期望，认为终于可以走上自我表现舞台，创造性地发挥自己的才能；当天真的想法在现实壁垒上撞得面目全非之后，他们发现自我实现依然是个遥不可及的梦想，所以很容易觉得工作没有意义和价值，对工作产生懈怠或频繁跳槽。

“网络通信行业每年都在变革，我们公司的名称和项目运营商也一直在变，我们的工作经验增加了，但本来就比较低的薪水却不升反降，这让我们毫无安全感。”一位通讯行业的管理者诉苦道，他的部门有20多名员工，60%都是26岁以下的年轻人，他的忧虑可以说是行业里的代表。

信息时代对媒体的要求越来越高，实习记者小蓝正承受着随时被淘汰的压力，她所在的部门已经换了一半的员工。“我几乎没有什么私人时间，全部交给工作，没有什么朋友，常常找不到人说话。工作太累时，吃东西也没胃口，晚上睡觉做梦都在采访、写稿。”小蓝说。

从小学到大学毕业，考试成绩是作为对学生的主要评价标准体系，并使得学生过分相信并依赖这一体系。而当身份转换，步入社会时，对一个人的评价一下子从成绩转向成为社会的综合评价，这种变化令毕业生们无所适从，他们会觉得社会评价的苛刻无情。

其中出身农村，想通过升学来改变命运的毕业生们感到的压力尤其强烈：在学校中成绩是他们最引以为豪的东西，可以使他们忽略物质条件方面与城镇同学的差距；而当他们迈出校门之后，恍然发现成绩已经不是用人单位唯一关注的重点，交际能力、人脉关系、眼界见识……这些由生活方式和条件所造成的差距都在挤压着他们的自尊和信心。

如果说工作的技能可以从头学起，工作的单调可以勉强忍受，那么最令职场新人难以适应的，就是那些复杂的人际关系和各种难以捉摸的

"游戏规则"。

与学校里平等交流的氛围相比，严格的上下级管理关系，同事之间钩心斗角的竞争关系，让从前习惯被家庭和父母宠溺的年轻人感到无所适从。"进入了职场，也告别了真诚单纯的年代，人与人之间只有客套和面具，难得交到一个知心的朋友"、"说真心话容易得罪人，说虚伪的奉承话又让自己觉得恶心。"这样的感叹可以在网上任何一个关于工作的帖子中看到，巨大的感情缺口必然产生强烈的孤独感，孤独感更进一步化为无形的压力。

排解孤独感最有效的方式就是与家人、朋友进行沟通、倾诉。但随着年轻人工作流动性加大，"北漂族"、"南漂族"、"蚁族"日益增多，那些离开熟悉的环境独自在异乡打拼的人群，也因缺少家庭成员间的疏导，很容易触发心理问题。

如果你发现自己出现失眠、焦虑、多疑、胃口差等情况，说明你已经进入工作心理压力的初级阶段；如果你不能及时调整，在第二阶段就会产生退缩性行为，表现为不愿上班、无端请假、不愿意参加各类社交活动等；在我们最不愿意看到的第三个阶段，则会产生攻击性行为，反应激烈、破坏性强，甚至产生自残、自虐或者自杀倾向。

虽然以上症状可以在任何年龄层出现，但有调查表明，二三十岁的年轻人压力最大。

常见的来自于自身的压力源有：个性、能力与工作要求不匹配，完美主义，极端内向，理想太高，对工作有过高的期望。

来自于工作环境的压力源则有：强权、高压式的企业文化，处罚为主的管理制度，竞争激烈的工作方式。

一项关于"工作倦怠指数"的调查显示，70%的受调查者出现了轻微的工作倦怠；有39.22%的受调查者出现中度的工作倦怠；还有13%的受调查者则出现了严重的工作倦怠。每8个受调查者中基本上就有1个出现比较严重的工作倦怠。

当劳动方式变得越来越紧张，当人不得不成为流水线上的一分子、高速运转的大型机器上的一颗螺丝钉之时，我们已经无暇顾及生活的根本意义和工作的目的。

就像经济的发展、GDP的增长不能解决所有问题一样，拼命工作能带来物质利益，却无法让幸福感成倍增长。

很多人不禁要问：生活是为了工作，还是工作为了生活？

## 为什么我要工作

人为什么要工作？几乎每个年轻人在被工作折磨得焦头烂额的时候，都会忍不住这样问。

鲁迅先生说过："吃饭是为了活着，活着不是为了吃饭"。而当下的人们却更像是只为了吃饭而工作。

对于大多数人而言，工作是生存的手段。在目前社会保障还不充分的情况下，失去了工作，就意味着失去了生存的能力，所以，大部分人工作首先是为了保证一日三餐，解决温饱问题。

其次，工作也是为了社交的需要。人是社会性的动物，人必须要有一定的社交活动，否则就会失去生活的乐趣，所以对于满足了生存需要的人而言，社交活动则是其工作的重要目的。

简单地说，工作是我们与这个纷繁复杂世界之间的桥梁。

年轻的毕业生们因为没有经历社会生活的磨炼，就业心态浮躁，往往陷入相互攀比，他们一直在路上，只有目标，却没有方向。

刚刚走上社会的大学生一般成功欲望很强，其中总会有一些不切实际的期望。据一项对1万多名学生的调查显示，其中50%左右的学生认为，35岁前将达到自己职业生涯的顶峰。这种毫无根据的乐观和自我定位，不肯改变自己的就业取向，不肯降低自己的身价，可能是大学生就业的最大障碍。

顺利进入世界500强的公司里拿高薪水，这大约是很多年轻人的梦想，但他们却没有考虑一个问题：每年众多的大学毕业生都在做这个梦，好的职位却只有500个。

父辈经历“下岗”的艰辛坎坷还历历在目，也促使现在的年轻人更加现实。在他们看来，我为公司干活，公司付我一份报酬，等价交换，仅此而已。他们看不到工资以外的东西，曾经在校园中编织的美丽梦想也逐渐破灭了。没有了信心，没有了热情，工作时总是采取一种应付的态度，宁愿少说一句话，少写一页报告，少背一个行李，少走一段路，少干一个小时的活……他们只想对得起自己目前的薪水，从未想过是否对得起自己将来的薪水，甚至是将来的前途。他们对自身能力的评价标准从成绩转向薪水，薪水与能力或老板的认可度是成正比的。

这种现象反映出年轻人对于薪水常常缺乏更深入的认识和理解。其实，薪水只是工作的一种报偿方式，刚刚踏入社会的年轻人更应该珍惜工作本身带给自己的报酬。譬如，困难的任务能锻炼你的意志，新的工作能拓展你的才能，与同事的合作能培养你的人格，与客户的交流能扩张你的人脉。公司是你生活中的另一所学校，工作能够丰富你的思想，增进你的智慧。

与在工作中获得的技能与经验相比，微薄的薪水对于年轻人来说不应该被看得过分重要。公司支付给你的是金钱，你的努力赋予你的是可以令你终生受益的能力。

因此对于第一份工作的薪水，更没有必要攀比。正常人大概要工作35年，整个过程如同一场马拉松比赛，和真正的马拉松比赛不同的是，这次比赛没有职业选手，每个人都只有一次机会。这个过程中有很多人甚至坚持不到终点，大多数人最后是走到终点的，只有少数人是跑过终点的。因此在刚开始的时候，去抢领先的位置并没有太大的意义。

能力比金钱重要万倍，因为它不会遗失也不会被偷。许多成功人士的一生跌宕起伏，有攀上顶峰的风光，也有坠落谷底的失意，但最终重返事业的巅峰，俯瞰人生，原因何在？是因为有一种东西永远伴随着他们，那就是能力。他们所拥有的能力，无论是创造能力、决策能力还是敏锐的洞察力，既非一开始就拥有，也不是一蹴而就，而是在长期工作中积累和学习到的。

如果你发现自己的老板并不是一个睿智的人，并没有注意到你所付出的努力，也没有给予相应的回报，那么请不要懊丧，你可以换一个角度来思考：现在的努力并不是为了现在的回报，而是为了未来。你投身于工作是为了自己，是在为了自己而工作。人生并不是只有现在，而是有更长远的未来。

也许你的老板可以控制你的工资，可是他却无法遮住你的眼睛，捂上你的耳朵，阻止你去思考，去学习。换句话说，他无法阻止你为将来所做的努力，也无法剥夺你因此而得到的回报。认真工作才是真正的聪明，因为认真工作是提高自己的最佳方法。

许多员工总是在为自己的懒惰和无知寻找理由。有的说老板对他们的能力和成果视而不见，有的会说老板太吝啬，付出再多也得不到相应的回报……

一个人如果总是为自己到底能拿多少工资而大伤脑筋的话，他又怎么能看到工资背后可能获得的成长机会呢？他又怎么能意识到从工作中获得的技能和经验，对自己的未来将会产生多么大的影响呢？这样的人只会无形中将自己困在薪资袋里，永远也不懂自己真正需要什么。

你无法命令老板做什么，但是你却可以让自己按照最佳的方式行事；也许老板不是很公正，但是我们应该要求自己做事要有原则。你不应该因为老板的缺点而不努力工作，埋没了自己的才华，最终毁了自己的未来。

总之，不论你的老板有多吝啬多苛刻，你都不能以此为由放弃努力。因为，你不仅是为了目前的薪水而工作，更要为将来的薪水而工作，为自己的未来而工作。一句话，薪水算什么，我们要为自己而工作。

## 除了生存，工作还有别的意义

你为什么选择这份工作？你为自己的工作定了怎样的目标？你今后如何对待工作？

选择一份工作不只是关乎收入和生存，也不只关乎兴趣，而是一个关于生命的意义的问题。

欧洲某国的某处广场正在兴建一座大教堂，广场中到处都是巨大的石块和忙碌的建筑工人。

一位游客问他遇到的第一位石匠："请问您在做什么？"

石匠没好气地回答："在做什么？你没看到吗？我正在用这个重得要命的铁锤，来敲碎这些该死的石头。这些石头又特别地硬，我的手都震破了，这真不是人干的工作！"

游客又走向第二位石匠："请问您在做什么？"

第二位石匠无精打采地答道："为了每天5元的工资，为了一家人的温饱，不然谁愿意干这份敲石头的粗活？"

游客再问第三位非常卖力工作的石匠："请问您在做什么？"

第三位石匠用一种喜悦的语气说："我正参与兴建这座前所未有雄伟华丽的大教堂。落成之后，这里可以容纳许多人来做礼拜。虽然敲石头的工作并不轻松，但当我想到，将来会有无数的人来到这儿，在这里接受上帝的爱，心中就会激动不已，也就不感到劳累了。”

同样的工作，同样的环境，却有如此截然不同的感受。

美国心理学家亚伯拉罕·马斯洛提出了“人类需要的五个层次说”：

（1）基本的需要：对于食物和衣物的需要，以抵御饥饿和寒冷。

（2）安全的需要：对居住在一个可以感到安全的地方的需要。

（3）社交的需要：与他人分享兴趣、爱好和交友的需要。

（4）获得尊重的需要：要求别人赞扬和认可的需要。

（5）充分发挥能力、自我实现的需要：自我实现与充分发挥自身潜能的需要。

人生的追求不仅仅只有满足生存需要，还有更高层次的需求，有更高层次的动力驱使。其中，自我实现的需要层次最高，动力最强。

为工作而工作的人，很少有机会获得第4种和第5种人类需要。由于他们的生命需求没有得到最大限度的满足，或多或少的，他们失去了部分的生命乐趣。

没有机会工作或不能从工作中享受到乐趣的人，他们也不能完整地享受到生命的乐趣。

工作就是付出努力，以达到某种目的。如果我们的工作能够引导我们逐步接近那种能充分表现我们的才能和性格的境况，这样的工作应该就是最令人满意的工作了。

工作是一个施展自己能力的舞台。我们寒窗苦读来的知识，我们的应变力，我们的决断力，我们的适应力以及我们的协调能力都将在这样的一个舞台上得到展示。除了工作，没有哪项活动能提供如此高度的充实感、表达自我的机会、个人使命感以及一种活着的理由。工作的质量往往决定生活的质量。

一个人所做的工作是他人生态度的表现，一生的职业，就是他志向的表达、理想的所在。所以，了解一个人的工作态度，在某种程度上就是了解了那个人。为拥有一个工作机会而心怀感激，为生命的尊严和人生的幸福而努力工作。

当一个人做他适宜且喜欢的工作，在工作中发挥他最大的才华、能力和潜在素质，不断自我创造和发展，他就满足了自己自我实现的需要。有自我实现驱动的人，往往会把工作当作是一种创造性的劳动，竭尽全力去做好它，使个人价值得到确证和实现。在自我实现的过程中，他将体会到满足感如同植物发芽般迅速膨胀。

## 正视工作压力

比起如同海洋一样浩渺的社会，每个人都像海洋中的一条小鱼，正如鱼在海洋里承受无处不在的水压，作为一个社会人，也要随时随地承受来自社会的压力，特别是工作的压力。

伟人善于利用压力，能人学会适应压力，凡人只会逃避压力。

当你发现由工作压力而产生的职业倦怠、职业心力枯竭也在自己身上出现时，请不必感到不安和悲观。在找到有效的应付策略之前，你要以接受的态度面对职业心力枯竭，明白这是在压力之下的自然反应，并不是你个人能力不足的表现，而是人人都可能会出现的正常心理现象，因此绝对不要过于苛责自己。

不管一个人的能力有多强，学识有多渊博，地位有多崇高，在不同时期都会遇到不同程度的压力，这是极其自然而普遍的现象。但有的人在压力下成功，有的人在压力下低头，压力的结果既可以是正面的，也可以是负面的，取决于个人能否成功应对。

人的成长和发展就是不断适应环境压力的过程，生命活动的维持总会需要一定的外界刺激。人的一生发展，在每个不同的阶段都需要应付新的要求，没有压力也就没有成长。

你换得了工作，但你躲不过压力，所以你更要知道自己是否对压力有着错误的理解。

误解1：

以为没有压力、轻松愉快是理想的生活状态

解读：没有变化、没有挑战本身就是一种压力，真空生活是不存在的。

误解2：

认为他人是造成工作压力的原因

解读：期望把责任推卸给他人是不切实际的，每个人都有自己需要应付的压力，最终你只能依靠自己来减轻你的心理负担。

误解3：

认为你能抵制外界的变化

解读：唯一不变的就是改变，抑制变化的行为本身就会导致压力，事实证明这样做比适应变化还要难。很多人墨守旧习比接受和适应改变耗费更多的精力。

误解4：

如果自己徒劳无获，就应当更加努力

解读：解决的方法可能不只是努力，而是从不同角度去尝试，你不能用老办法解决新问题。另一方面，如果你现在的策略很有用，就要坚持下去。

误解5：

如果压力过大，逃避是正确的选择

解读：无论你是在寻找压力小的工作，还是在现有的工作中逃避责任或拖延任务，从长远意义上讲，你都可能正在伤害你自己。压力管理的有效方法不是如何逃避环境中的压力源，而是如何应对你将可能面临的压力，消极怠工只会使你自己处于不利境地。

误解6：

承担风险通常是不明智的

解读：很多人都在茫然地等待，直到所有的真相都显露出来再作决定。没有人是能够准确预知未来的，是风险还是机遇，全在你的判断掌握。

误解7：

只要足够努力，就能控制一切

解读：花费大量的精力试图控制那些无法控制的事情，这样做会带来挫败感以及长时间的压力体验。因为这是一场永远不可能胜利的战役。如果选择跟随潮流而动而不是抗拒它，有时你就能够获得控制权。就好比冲浪一样，你需要学习怎样驾驭波浪。

不管你用什么方法去应对压力，让明天最保险的办法就是利用今天的时间创造价值。

## 感受工作的乐趣

你是否发现，在你职业生涯中，当你受尊重的程度越高，受到的压力就越小？当你的职业或工作与学习的自主性越大，在竞争中感受到的公正性、公平性和透明度就越大；在生活、工作、学习中得到的关爱和帮助越大，你感受到的职业压力就越小。

最理想化也是最令人向往的工作氛围，应该是充满尊重、理解、关爱、管理方式以人为本的。这种氛围会使你的职业压力保持在一个合理而适度的水平上，使你的工作保持着高效、健康、愉悦状态。

当然，在现实中，这样一份近乎完美的工作几乎是可遇而不可求的，大多数所要面对的现实是：

紧张、刻板的工作氛围与学生时代的轻松完全不同；

苛刻的管理、上下级关系使人如履薄冰，与自己追求的公正平等的理念相差甚远；

狭隘的工作关系圈和人际交往圈子，让生活变得乏味而平庸。

从生活方式到思维方式、价值观念上，80后与前辈可以说是完全不同、格格不入，而事实是现在的社会仍然是由父辈们所掌控的，80后们不仅远没有成为社会主力，更让他们难以理解和接受的还有整个社会的“游戏规则”。那些在他们看来如同枷锁一样的条条框框，代表着社会的不接纳和不认可，要么磨去棱角随波逐流地成为社会中平庸的一分子，要么保守着自己的观点默默被社会边缘化。

职业的多元化时代中，很多年轻人选择了SOHO工作和网上营销等自由职业，完全掌握着自己的时间和动力，这无疑也是一种聪明的选择。

“我现在做着自己喜欢的工作，过着自己自由的生活，写作是我自己选择的职业，为了谋生，也为了自己的心灵更加舒坦。”苏先生说道。像他一样的自由撰稿人还有千千万万，他们大多都是为了自己的理想不被磨灭而走上“码字”这条路的，不少人从中也得到了应有的快乐。

苏先生大学一毕业就很幸运地进了机关，得到了一份人人羡慕的工作。但是他并不快乐，机关里盘根错节的人际关系常常让他手足无措。在单位，苏先生的工作就是帮领导整理材料和起草公文文件。可是那些刻板单调的机关公文让他只觉得心烦意乱。苏先生上大学是学校文学社的骨干，他的文章还经常在各大报刊上发表。这样一位中文系的才子，现在每天写那些枯燥乏味的机关公文，不仅没有鲜活的文字，更谈不上灵性。但还必须写，因为这是他的工作。

苏先生就这样在机关呆了三年，这三年让他郁闷，让他窒息。后来，他终于不顾家人的反对，下定决心辞职。“我在那里完全没有任何进步，如果再不走，我的人生就会废掉。”苏先生不敢想象再做几年他还能不能再拿起笔来。

辞职之后，别人都在为苏先生惋惜，而他却有一种解脱了的感觉：终于可以不必再看领导的脸色行事了，不去写那些枯燥乏味的文字了，不必开那些永远也开不完的无聊会议了。在家悠闲了一段时间后，他做起了自由撰稿人，又开始写那些鲜活、有灵性的文字。一年后他竟然写出了名堂，约稿的邮件电话络绎不绝，他现在一个月赚的稿费已经是在机关时的好几倍了。

与收入相比，更令苏先生满足的是，现在他每天都在写着自己喜欢的文字，表达自己真正的想法，写东西虽然是他用来谋生的一种手段，但是在这个过程中，他却享受到了别人体会不到的快乐。

越来越多的年轻人选择开网店，做电子商务，中国每年数千亿的网络交易额正是由这些“快乐着赚钱”的一族来成就的。要把爱好当作工作来做，而不是把工作当作工作来做，这样你不仅赚到了钱，更赚到了快乐。

## 工作减压　心灵减负

工作的压力无时无处不在，压力容易带来情绪低落和挫败不满。每当你在工作中遭遇挫折时，那些令人泄气的想法和怀疑、焦虑、沮丧……等等负面情绪，就像发疯的公牛冲进了瓷器店一样，破坏着你的头脑，使你那些千辛万苦获得的工作成果毁于一旦……当理智恢复时，你又不得不从头开始。

很多过于"意气用事"的人工作就像是井底之蛙，向上爬仅仅是为了不往下掉，所以，就这样失去了曾经付出努力才得到的一切。这些没有丝毫用处的、极具破坏性的情绪是人生的大敌，就如同毁掉一件历经数年雕成的玉器仅需要一秒钟，毁掉《蒙娜丽莎的微笑》只要加上一笔涂鸦。

焦虑、怀疑、嫉妒、悲伤、忧郁、憎恨、失落、绝望这些极具破坏力的情绪也能毁掉你精心创作的人生画卷。

缓解工作压力是一件需要理智的事情，不要把意气用事当做宣泄渠道。你可以因为老板不肯加薪，就用自以为很"帅"的方式先炒他的鱿鱼，你也可以一天之内发上40条微博把他很酷地挖苦一番，让所有人来围观你的妙语如珠。但你的收入还是要靠自己解决，只是你赚钱的时间更少了，除了你自己，没人受损失。

当压力与失望超过你的心理负荷时，请一定积极寻求化解压力之道。既不要耻于承认压力对你的影响，也不要勉强与其对抗。

换一个角度重新定义生活，从压力之外寻找到生活的意义和快乐所在。要知道工作不是你生活的唯一内容，当压力源不可能消除时，我们只能最大限度减小压力的负面效应，使身体和情绪得以恢复。

笑是最好的身体语言，哭是最好的情绪宣泄。

快乐还是沮丧，全在你的一念之间；你自己的生活如何过，只有你自己可以决定。

当期望落空，请相信你的希望依然无穷。

积极做自己，是远离忧郁、拥抱快乐的最好方法。

我们的内心都有一只“看不见的水桶”，它就是我们的心态。兴高采烈、意气风发、充满活力……就是水满的状态，当水桶空时，就会垂头丧气、压抑郁闷、精疲力竭。

我们每个人还有一把看不见的勺子。当我们用言行激励他人的积极情绪时，就是用勺子为别人的水桶加水，同时也在为自己加水。当我们用言行打击别人的积极情绪时，就在给别人放水，同时我们也在放掉自己水桶里的水。因此，我们时常都面临一个选择，就是保持积极心态还是消极心态。

当工作压力带来职业的倦怠显现之后，需要改变的不是工作，而是自己的心理状态，心理调整不好，到哪里工作都会出现类似问题。

以真正的热情积极全身心投入到你周围正在发生的事情上去。与人们多联系联系、交流交流，让自己高兴快乐起来。

如果你不准备放弃现在的工作，就要分析为什么会对工作失去动力，又能否对工作重新产生兴趣。

如果是因为对事情不了解而没有兴趣，可以在工作中培养自己的兴趣。比如当深入处理枯燥的报表数据时，你可能会对相应的电子表格软件产生兴趣，并发现软件中有你所不熟悉的统计功能，而掌握了这些统计方法后，你就有效地提高了工作效率。有些事先干着，兴趣可能慢慢就会产生。

如果是自己基础不好，能力不够而导致兴趣不足，就要想办法提升自己的能力。

要加紧学习与自己工作相关的知识与技能。不能总是停留在一个水平和范围，要不断地开拓自己的视野，提升自己的能力，掌握那些必需的知识与技能，使工作做得得心应手。

如果让你走一条没有尽头也没有加油站的路，你会感觉怎样？是不是会绝望？把自己的工作目标阶段化，计划清晰而适度，让自己能够完成。

如果对于工作总是不分轻重地“一把抓”，自然会严重地降低工作效率。如果能把要做的工作排个优先顺序，把工作内容按“重要”、“较重要”、“较不重要”分级，再按“自己亲自办”、“协调他人帮办”、“督办”、“自己办不了请求领导解决”等分类，工作效率提高了，时间也就省出来了。

当阶段性的目标完成后，要给自己适当的奖励，例如休假旅行、做自己喜欢做的事情等。

锻炼和休息时间不是挤出来的，而是安排出来的。可是有的人总是不放心自己的事情，不会调整自己的心理发条，绷得过紧。那么就要学会放下，学会定时休息，学会有效地使用自己的大脑。

感到压力太大、心力枯竭时，可以向家人或朋友倾诉，把心里的症结说出来。不要认为这样做暴露了自己的怯懦，“人”字的结构就是相互支撑，亲友是你最坚实可靠的后盾，他们从不会拒绝伸出援手。诉说的同时也宣泄如愤怒、恐惧、挫折等消极情绪，从而得到心理上的发泄，舒缓压力和紧张。

# 弥补灾难伤痕

## ——心安处即故乡

REN SHEN MEI YOU GUO BU QU DE KAN

## 弥补灾难伤痕——心安处即故乡

不知从什么时候开始，身边的朋友们都喜欢模仿韩剧里的一句台词：“××，你一定要幸福哟！”这句有些孩子气的祝福经常出现在短信的结尾、博客的留言里，还可以看到被不同的人挂在自己的QQ签名里。

在各种祝词中，“幸福”是出现频率最高的，也是人们最乐于听到的。幸福需要珍惜，它和时间一样，如果你不珍惜，它就会悄然溜走，而一旦失去了，就再难寻觅。

人的一生都在追求幸福，它就如同一瓶传说中的绝世美酒，每个人都希望在找到它之后，斟满一杯，坐在花间月下，惬意地细细品尝。

而有一些人本来已经得到这瓶美酒，但在他（她）品尝着酒的美妙滋味时，忽然有一只无形的手将酒杯从他们怀里打落，这只手就是“灾难”。

灾难是人类生活的一部分，它的破坏力强大，造成生命财产的巨大损失，也让存活者内心留下不可磨灭的心理伤痕。

在我们生活的这个星球上，每年有超过1000次可以造成破坏的地震，有数十次扫平城镇的热带风暴，还有难以预计的海啸、洪水、泥石流、雪灾等等，大自然不经意的一点活动，对脆弱的人类来说就是灭顶之灾。

在自然的破坏力之外，人类自身制造的灾害更是不计其数。全世界每年死于车祸的人数已经超过50万，而在中国这个数字为每年近10万人。矿难、火灾、施工意外都在不断用死亡数字来折磨我们的神经，更不用提那些在世界各地从未停止的战争、冲突和恐怖袭击。

世事无常，我们每一个人都无法预料明天可能发生的事情。所以在很多时候，幸福的笑容总是处于苦难的阴影下，灿烂的笑颜不知在何时就会沦落到痛苦的边缘。

## 灾难离我们并不远

你无法想象，如果你是一位跨国公司的高级金领，2001年9月11日那天早上，同往常一样走进位于纽约的世界贸易中心大楼开始一天的工作，这时，窗外一架飞机正呼啸而来……

你也不能想象，2004年圣诞节的第二天，你在马尔代夫的一座小岛上，正享受着蓝天碧海和闪光的沙滩，忽然，海水迅速向后退去，随后又带着沉闷的低吼形成一道数十米高的水墙向岸边扑来……

你更不能想象，2008年5月12日那天下午，你在四川北川县城里悠然漫步，而不知道几秒钟之后，县城的一部分就要在大地剧烈颤抖中，被崩塌的山体掩埋……

或者，当你驾车带全家一起出游，在高速公路上飞驰的时候，紧随着你那个违章醉驾的司机，就要将你卷进一场特大连环车祸之中……

是的，谁也不敢想象，更不敢承认这些灾难和危险随时就在自己身边徘徊，而且往往发生得那么突然且不可预期，几乎没有足够的时间让人们去了解它为何发生与如何解决造成的问题。没有人会平白地想象自己要如何应付灾难，所以对所有人来说，灾难是那么地突然和恐怖，它可以将人们拥有的一切在瞬间化为乌有。

灾难不是银幕上炫目的高超特技，也不是电视剧里赚人眼泪的煽情片段。一个人只要真正领略了灾难带来的伤痛和绝望，他就会明白：一切美化苦难的言辞是多么地浮夸，一切炫耀苦难的姿态是多么地做作。我们乐意为《2012》贡献票房，却绝对不想让它变为现实。

灾难所造成的伤害不容易恢复，形成的问题也较持久，对每个受创者来说，会产生慢性压力和长期的心理困扰。因为灾难的发生通常是受创者的第一次经验，以往没有相似的经验积累，应变措施通常贫乏不足，因此造成的伤害很大。

灾难事件对外在环境的冲击，在于它强大的破坏力，大量摧毁人们所赖以生活的个人、家庭及社区环境，灾前稳定的个人与社区生活形态将被严重打乱。

除了塑造恶质的慢性压力环境之外，另一方面，生活中将充斥着难以承受的物质资源匮乏，以及因崩解的人际社会网络而造成社会支持的匮乏。

## 守护心灵——你最后的家园

法国哲学家蒙坦曾将这句话设为自己生活的座右铭：“人们因意外事件所遭受的伤害，不及因自己对这件事情的看法。”

灾难固然可怕，但相比起灾难本身带来的伤害，更令人无法摆脱的痛苦，是灾难过后留在人们心中的心理阴影。

灾难带给人们的心理冲击主要有几种：

1. 安全与信任感的丧失

2. 控制感与结果预期的丧失

3. 自我价值感与自尊的丧失

人们原以为那些灾难只是属于别人的传说，从来不会发生在自己身上，事实却证明它们是随时可能发生的，这让人们失去最起码的安全感。

人们也会认为世界已经在科学和规律的控制之下，一切都是很有秩序的，却没想到很多灾难是无法预料的，它们仍然在人类技术能力掌控之外，这会让人们对各种信息的信任度大大降低。他们面对纷繁的信息和新闻，既不敢相信又不能有效分辨，失去了对世界判断的坐标点，由此产生矛盾痛苦。

最令一些人难以承受的是信仰的毁灭，他们原以为这个世界自有天意、是公正的，善有善报，没想到很多灾难会发生在那些善良正直的人身上。很多人对亲友遭遇意外的反应都是：“他（她）是那么好的一个人，为什么也会出这种事，老天太不长眼了！”由此一方面严重怀疑世上是否还有公正和正义，而另一面方则又对别人的信任度降低，“如果他真是好人，又怎么会发生这种事？是不是他私下里干了什么见不得人的坏事？”

在9·11之后，大约五分之一的美国人感到比以往任何时候更严重的抑郁和焦虑；大约800万美国人坦承自己因9·11事件而感到抑郁和焦虑；8个月后，很多纽约的学龄儿童仍被噩梦困扰。

大部分印尼海啸幸存者存在着认知障碍、记忆损害、忧虑以及噩梦连连，并伴有震惊、恐怖、易激怒、无助感等情绪波动。

遭受天灾人祸之后，人们亲历了伤痛，失去了亲人朋友，或者目睹了他人的伤亡之后，在身体和心理上都会有统称为“创伤后应激障碍（PTSD）”的一系列反应。这些反应包括恐慌、忧虑、情绪低落、失眠、频繁做噩梦。有的人会烦躁易怒，他们也会心神恍惚，难以集中注意力。人们还往往会不由自主地产生对灾难情形的鲜明的回忆，这种回忆导致生理和心理上的应激反应（例如出汗、心跳加速、极度恐慌）。人们会尽量地避免接触和提及他们所经历的灾难，他们会避免故地重游。他们的情绪通常会持续低落，并会对原来感兴趣的事情丧失热情；他们也可能把自己孤立起来，避免和他人交往；他们也常会表现得神情呆滞，对人对事反应迟钝。

所有这些在灾难后出现的反应都是正常的，是人对于非正常灾难的正常反应，在灾难过去数月之内大多数人这些反应都会自己缓解。

在灾难发生的第一时间保持绝对的“镇定和冷静”，其实是一个危险的信号，正常的宣泄和排解远比“镇静”对身心更有利。

2008年的“5·12”地震后，重灾区北川的很多人压抑着失去亲人的悲痛，以全力救灾和重建灾区来转移自己的注意力，但在灾区生活逐渐恢复正常之时，内心伤痛却日渐难以抑制。2008年10月，在地震中失去爱子和弟弟一家的农委主任董玉飞自杀身亡；2009年4月，同样在地震中丧子的宣传部副部长冯翔选择了同一条不归路；2010年5月，年轻有为的北川干部魏宏，在毫无征兆的情况下从医院4楼坠亡。

人们以为可以遗忘和淡化的心理创伤，其实只是暂时被封存在“潘多拉盒子”里，在被某些外界诱因触发后，从中飞出的灾难阴影完全可以吞噬那些本已脆弱的心灵。

应对灾难产生的心理阴影的方式有：

1. 把伤痛倾诉出来。遭遇灾难和伤痛，不要隐藏你的感觉，试着把情绪说出来，并且让家人朋友一同分担悲痛。

2. 不要害怕谈论痛苦。不要因为不好意思或忌讳，因而逃避和别人谈论自己的痛苦，要让别人有机会了解自己。

3. 倾听和帮助。不要阻止亲友对伤痛的诉说，让他们说出自己的痛苦，是帮助他们减轻痛苦的重要途径之一。

4. 不要勉强自己和他人去遗忘痛苦。伤痛会持续一段时间，这是正常的现象，更好的方式是与我们的朋友和家人一起去分担痛苦。

5. 释放和宣泄的同时，尽可能调整心态。如果能够在情绪反应出现之后，调整心态，恢复镇定和冷静，则具有非常积极的作用。它可以帮助人们更加理性地思考和分析。

6. 负疚感是正常的。在严重的灾难之后，有些人比较容易出现内疚或负罪感。他们会恨自己没有能力救出家人，希望死的那个人是自己而不是亲人；因为比别人幸运而感觉罪恶，感到自己做错了什么，或者没有做应该做的事情来避免亲人的死亡。亲人死亡对幸存者而言是一种巨大的伤痛和损失，因此有负罪感是一种正常的反应。

一位年轻的女士在长达三年的时间里都无法从空难的记忆中恢复过来。虽然在那场空难中她活了下来，但丈夫和还在襁褓中的女儿却不幸丧生；让她最为难过和内疚的是，她认为女儿的死是自己没能在飞机降落的那一刻抱紧她，如果自己当时多用一点力气，就可以挽救孩子的生命。

被这种想法折磨几年后，心理完全处在崩溃边缘，她向心理医生求助。医生在了解了事情的原委之后，为女士设计了一次模拟试验。医生准备了一个和婴儿体重大小接近的包裹，把它交给女士，要求她用尽力气抱住，任何时候都不能放手。

接着，医生带女士上了一辆已做好防护措施的汽车，在练车场里以安全的速度撞向场边的防护墙，撞击的瞬间，巨大的冲击力使女士怀里的包裹脱手而飞，从车窗甩了出去。

这时女士恍然大悟：无论自己当初怎样抱紧女儿，都不可能保护她。内疚的心结终于得以打开。

## 从灾难中学会珍惜

当灾难发生之后，你一定会觉得上天很不公平，为什么要让你经历这一切？为什么非要你承受这种痛苦？自己并没有想过要成为“天降大任”的“斯人”！不管你问多少个“为什么”，已发生的事实是不会改变了，如果你长时间活在悲伤和埋怨之中不能自拔，你的世界就永远不再有色彩。

人生的过程并不总是在收获，有的经历会让你失去一些东西，而每一次的丢失，心里都会有或深或浅的伤痛，但每个人都是在失去后才一天天长大。唯有失去才知道爱惜，懂得珍惜。

2010年4月14日，青海玉树突然发生强震。地震不仅夺去了几千人的生命，让曾经美丽的玉树满目疮痍，更让玉树的藏獒养殖受到重创。近万只幼獒死亡，3只身价过百万的名獒失踪，全县藏獒损失十之七八。

藏民才仁扎西是结古镇养獒人之一。4月14日地震时，他家租住的房子全部坍塌，他和妻子以及两个儿子全部被埋入废墟，同时被埋的还有他家所有的藏獒。才仁扎西最先从废墟中挣扎逃生出来，他把家人一个个救出之后，见到一只母獒的鼻子露在外面，就也将它刨了出来，都顾不上救其他藏獒，全家便离开废墟，逃至开阔的赛马场避险。

三天后，才仁扎西回到家中去挖食物，听到藏獒的叫唤声，这才将存活的藏獒挖了出来，但总体是损失惨重。埋葬了死去的藏獒，两个孩子全哭了，他们都为今后的生活而担忧。

面对这样的突发灾难，才仁扎西却表现出令人难以置信的平静和超脱。当媒体前去采访他时，他并没有诉苦也没有抱怨，而是积极地规划将来的生活："做善事，转经念经，帮助有困难的人家，有钱出钱，有力出力，多做力所能及的善事；养獒方面，减少养殖数量，节约成本，更注重獒的品种和质量。"

记者诧异于他的平静从容，又追问道："按你的理解，什么是活着？"

才仁扎西回答说："平时为人正直，不做伤天害理的事儿，对佛祖虔诚。活着，就是佛祖对个人生命的恩赐。"

一位网名"老茎人"的资深户外旅行爱好者，在经历噩梦般的车祸之后，写下了"热爱生活、直面厄运"的感悟:

2005年9月，在去西藏的路上，我遭到了一场车祸，一场几乎是灭顶之灾，现在回忆起就像是一个噩梦。

9月18日，我们一行13人从昆明出发，作为户外领队，我们被邀请参加国内一家知名企业举办的"雅鲁藏布江穿越"活动。一路大家兴致很浓，雪山、草原、大江峡谷，沿途观光、摄影，自然风光美不胜收。也许是应了一句老话"乐极生悲"，22日，在波密至林芝约40公里处，我们乘坐的吉普车冲下了30多米深的山沟，造成了1人轻伤，3人重伤，汽车解体的严重后果。

当时我伤得最重，在林芝医院的抢救室里，昏迷中我感觉到医生、护士们进进出出，一位主治医生发话说："这个不行了，先抢救这个！"紧接着一大堆人就在我身上忙碌起来，开刀吸淤血、插排尿管、输氧、输血浆、B超……我身上能插的地方都被插上了各种管子。这期间，曾下了两次“病危”通知，经各种检查、照片，最后的结论是：10根肋骨伤（断），大量失血，鼻梁断（并错位），左肺擦伤，左手腕骨折断，左手背被利物剜开一个大洞，可以看到里面的骨头……

面对厄运，“我可能会死去”的念头在我朦胧的意识中曾反复萦绕，脑海里甚至浮现出“死后”的场面。但强烈的求生欲望让我不停地告诉自己“我要活下去！”

有了生存的信念，就有了配合医生治疗的勇气。走出了死亡的阴影，脱离了危险期之后，我忍受着治疗手术带来的各种痛苦，并为自己的早日康复去努力，每天都要强忍剧痛做一些体能训练，并强迫自己每天摄入一定的食品。在住院期间，亲朋好友的热情探望、慰问，特别是密友的细心照料，无疑是我最大的精神鼓励，我奇迹般地活了过来，又奇迹般地康复起来。

出院后，在生活上，我尽量做到能够自理，并保持乐观向上的人生观和自信心。伤情稍有好转就回到单位上班，做一些力所能及的工作，尽量使自己生活得充实一点。同时，我暗暗地给自己定下了以下三条康复目标：1. 三个月后爬上昆明西山的猫猫箐。2. 半年后登上轿子雪山。3. 一年后可以登哈巴雪山。现在这些目标我都一一实现了。

身体完好者，却活得无聊无趣终日烦恼，进而怨天尤人、自暴自弃，或囿于现实世界之外的幻想世界以自慰。许多身残志坚者，却从战胜灾难中获得乐观积极的心态，开始全新的人生。

## 真正的勇者——谢坤山

如果你失去了一条腿，你会怎么样？如果你再失去一双手臂，你怎么办？如果你没有双臂和一条腿，再失去一只眼睛，你用什么来支撑自己活下去？

人的本性都是追逐快乐的，谁也不希望任何灾难“光临”自己。但谁也不能保证自己是永远的幸运儿，一旦灾难真的降临到你头上，你会怎么办?是悲观、逃避，让它压垮你；还是燃起希望之火，从精神上压倒它，用行动来挑战它、超越它?

谢坤山选择了后者。他把苦难视为上苍对自己的考验，积极乐观，坚强自信，笑对命运，用嘴画出精彩的人生。

谢坤山1958年出生在台湾台东，因为家境贫困，12岁就开始到工地去打工。16岁那年，因误触高压电失去了双臂和一条腿，23岁时因为意外，使他再失去了一只眼睛，但他没有因此沉沦下去，而是带着一身的残疾开始了绘画之路，与命运展开了博弈，给他的人生着色。

谢坤山用嘴咬着笔一个字一个字地写出的自传《我是谢坤山》，在台湾出版后立即引起了轰动并成为畅销书。几年来，他在国内外演讲突破上百次，美国的《读者文摘》也用19种语言向全世界隆重推出其挑战生命极限的传奇故事。

谢坤山16岁那年在一家针织厂工作，三月的一个清早，谢坤山和同事正在安装机器设备，一段三米高的管子要吊起就位，谢坤山从栏杆上探出身子，双手抓住笨重的金属管。他把管子拉上去时，管子摇摆着，意外碰到一根电线。刹那间，震耳欲聋的爆炸声响起，高压电流通过管子，在谢坤山身体上产生一道闪光……他被抬进救护车时，人已气息奄奄，空气中弥漫着焦煳的味道。

医生动了一连串手术，将谢坤山的左臂从肩关节处截去，右臂从肩膀以下二十公分处截去，右腿从膝盖以下截去。

从昏迷中清醒过来的谢坤山，看见母亲伤心，比身体上的痛楚更难受。他答应母亲："我无权轻生，也不会放弃。"

从鬼门关捡回来的第二次生命，绝对不应该是用来忧伤和自暴自弃的，反而应该是积极、健康地活下去。为了不让自己成为母亲的累赘，谢坤山自己琢磨出了各种工具和方法来解决洗脸、刷牙、穿衣、吃饭、洗澡……这些对正常人而言最简单不过的事情，每一样谢坤山都做得格外辛苦。凭借超人的毅力，靠着嘴巴、残存断臂和一只脚，他居然做到了生活基本自理，后来他又学会了用嘴翻书和写字。

22岁时，谢坤山听说有个团体专教残障人士习画，这让他看到了独立生活的机会。但仅仅一个月，习画课程就由于资金不足难以继续。谢坤山和其他五个残障朋友只好各自出些钱，在台北县三重市租房子，成立了一间画室，起名"慢半拍"。他说："我们行动或许缓慢，但都是努力求进。"

谢坤山咬着笔作画时，嘴里总是伤痕累累，然而，他从来不曾因此把嘴松开，或是想到放弃，反而把笔咬得更紧。当他咬着小刀削铅笔时，虽然头痛、牙痛、脖子痛，但是当第一次小心地一点点削好铅笔时，感受到的是克服了最大难关，连带也将自己的未来给"削"出来了。"不只是削铅笔，而且削出了信心。"

同年，台湾历史博物馆展出画家吴炫三的画，谢坤山被色彩鲜艳大胆、内容意境深远的画作所感动。他自告奋勇地向吴老师表示学画的意愿，在征得同意后，他开始到台湾艺专旁听吴老师的课。

学画、听课的过程十分辛苦，他曾在往返途中，摔坏过义肢；因为不愿错失每堂课，忍着不上厕所而得了肾炎；用嘴咬图钉装订画布时，不慎断裂两颗大门牙。一天下午，他请妹妹帮忙重新装订课本，谢坤山将头靠在桌上看着妹妹，不料却被书角撞击到右眼。第二天早上，他只觉右眼剧痛，医生诊断为视网膜剥落，虽然动了两次手术，但也未能恢复视力。谢坤山以坚强意志和乐观态度又接受了这次挫折。

“右眼看不见，我就看不见别人的缺点，”他对医生说。“左眼还看得见，就能看得见别人的优点。”看到谢坤山能如此平静面对不幸，医生也感到惊奇。

入学的第一个月，他的成绩是倒数第三，第二个月却跃为正数第三……靠着自强不息的意志和坚忍不拔的毅力，他的绘画水平不断地提高，并以自己的诚意打动了画家吴炫三，进了美专深造，得到了奖学金，并成功地举办了个人画展，成为一位残疾人画家。

1994年，谢坤山完成了他最大幅的作品《金色池塘》，以八万元新台币卖出，该画如今估价超过二百万元。他的作品1997年荣获国际特殊才艺协会视觉艺术奖，有机会在不同国家巡回展出。

一位听众问谢坤山：在经历这么多苦难后，是否还相信有天堂存在？谢坤山反问：“人的一生，不一定顺遂；可是当一个人遭遇到逆境陷入黑暗后，却又能重新打开心门走向光明，那走过之后的心境，跟在天堂又有什么两样？能体会这样的人生，算不算是一种幸福呢？”

还曾经有一个男孩问他：“谢先生，到目前为止，你遇到最困难的事是什么？”

谢坤山不假思索地回答：“我还没遇到！”

古罗马的哲人塞涅卡说过：“愿意的人，命运领着走；不愿意的人，命运拖着走。”

当你落至人生最低谷时，你的每一个努力就是向上的攀升。

社会每一个层面的生活，幸福和不幸的内容是相等的，问题是你用什么样的目光去看待。

我们的生命，不仅要用来让自己幸福，更加要用来让其他人、其他生命幸福。

# 绝不自杀的十个理由

REN SHEN MEI YOU GUO BU QU DE KAN

理由一：挫折不是绝境，生命信念不能放弃

理由二：远离“想当然”的悲剧

理由三：不要急，请放慢一步

理由四：没有“非死不可”的理由

理由五：给希望留下一扇窗

理由六：打破“完满”的枷锁

理由七：重生才是最好的选择

理由八：为你爱的人你没有资格死去

理由九：只要你肯伸出手，就会得到帮助

理由十：活下去而且要记住

朋友，当你看到这里时，你已经在我的陪同下走过种种心理难关，当贫苦、灾难不能压倒你，迷惘、孤独不再困扰你，灾难和挫折也成为你成长的助力，还有很多人没有放弃你，这个世界也没有放弃你。

现在就告诉自己：我会好好活下去，我的生命有着更重要的意义。

## 理由一：挫折不是绝境，生命信念不能放弃

当我们面对逆境、承受不期而至的不幸时产生绝望之情并不奇怪，但请记住：任何困境、逆境都不是绝境，尤其当你还是一个有梦想的人时，就应该想想那没有实现的梦想，它往往能够把你从绝望中拯救出来。

如前面我们分析的一样，挫折教育的不足，使有些年轻人在面对理想与现实的巨大落差时，一时迷惘和绝望，于是想采取一死了之来摆脱。

伟大的音乐家贝多芬中年时变成聋子，这使视音乐如生命的他十分绝望。1802年他写下一份著名遗嘱，十分坦诚地说明他绝望得要自杀的心情：

每当我旁边的人听到远处的笛声而我听不见时，或他们听见牧童歌唱而我一无所闻时，真是何等地屈辱！这种体验几乎使我完全陷入绝望：我差一点想结束自己的生命！

是艺术，仅仅是艺术把我从死亡线上唤回啊！我尚未把我感到需要谱写的每一乐章完成之前我觉得不能离开世界！

意识到必须完成未完成艺术的使命感挽救了贝多芬，同时也使他对自己的不幸命运有了正确的认识，从此以后每一年他的音乐会都有着巨大的进步。

所以，请给自己一个梦想或人生目标吧，或大或小都没有关系，因为它能够给你活下去的力量。

曾有一位大学毕业后对生活失望的朋友，他当时选择自杀的原因是：豪情万丈进入社会后却发现社会的阴暗面，以及其他多种不顺心的事，于是他对生活失去希望。他在日记中写下："我用火热的心来拥抱生活，但生活给我一盆盆冷水！我希望以自己才华得到承认却连展示的机会都没有！我赤诚地追求爱情却受到当头一棒！"

在这些挫折的压力下，他想到了自杀，他不知不觉中跨上楼顶天台的栏杆……在这生与死的一瞬间，他忽然听到心中有另外一个声音以前所未有的力度十分决绝地说："不，我还没有看清生活真相！我不能样屈服！"

当他止住往下一跳的冲动时，发现自己全身大汗淋漓。

现在这位朋友从死神手中把自己救回来已经过了18年，18年来他经历过比当初严重得多的挫折与困难，看到过比当初更严重的阴暗面，但正因为如此，他才真正体会到生命的灿烂与辉煌。回想起当年的瞬间，他才真正意识到假如那么轻易放弃生命将是何等愚蠢！

当面临生活逆境时，无论如何也不要放弃生命！

也许一切都可以放弃但对生命的信念不能放弃！

"生命底线"是每个人最应该护卫的基本原则！

## 理由二：远离“想当然”的悲剧

回想一下那些曾经让你感到无法承受、只有一死才能解脱的意外，现在你是不是觉得它们其实根本没有当时想象的那么严重?

各种选择自杀的案例中，“想当然”是一种最常见的错误。人们常常认为自己想象的事情就是事情的真相，认为自己想到的道理就是正确无误的道理。

突发的意外会蒙蔽我们的理智和思考能力，所以千万不要让自己的思维走入“死胡同”，保持乐观积极的心态，处变不惊，才能迎来柳暗花明。

曾经有一位成绩优异的高中生，在参加高考之后，他本以为自己会很快收到所报考名校的录取通知书，但当其他人都已经先后被录取而他的录取通知却久等不到时，他便认为自己成绩不理想而名落孙山，这让一直是优等生并且被全家寄予厚望的他，自尊心受到了致命打击，特别是看到其他不如自己的同学都已经进入理想的高校，于是他在绝望中跳楼自杀。

而谁也没料到的是，在他身亡的第二天就收到了录取通知书，只因为邮局之前将通知书错误地投递给了与他同名的另一位考生。

如果这位学生对自己的信心更坚定一些，或者对录取的结果更坦然一些，这样的悲剧就不会发生了。

世界著名演员英格丽·褒曼也曾经险些走上这样的绝路，而挽救她的却是一条肮脏的河流。

18岁时，对表演充满梦想的英格丽·褒曼独自到伦敦参加皇家戏剧学校的考试。当她上场演出自己精心准备的短剧时，评委们居然在场边漫不经心交谈起来，表演还不到一分钟，其中一位评委就笑着请她下去。褒曼顿时觉得自己的梦想已经绝对破灭。

当绝望的她漫步走到河边时，忽然间起了轻生的念头，准备跳河自杀。就在她迈出关键的一步时，散发着臭味和油污的河面让她短暂地犹豫了一下，她想：“如果我死在这样的河里该多么难看。”于是她打消了轻生的念头，准备灰溜溜地回家乡过平淡的生活。谁知三天之后她竟收到了戏剧学校的录取信，从此走上辉煌的演艺生涯。

直到多年以后，已经成名的英格丽·褒曼在一个聚会中遇到当年的评委，才知道令她震惊的真相：评委之所以那么短时间就请她下来，正是因为一眼就看出她太出色，所以不愿意再浪费时间考试！

试想，如果不是河水脏这一偶然原因使褒曼终止计划，在“想当然”念头的支配下她就将酿成无法挽回的悲剧。

“想当然”就像一只遮住你眼睛的手，它会让你误以为天空失去阳光，所以请走出“想当然”的阴影，你会发现太阳照样升起。

## 理由三：不要急，请放慢一步

冲动是魔鬼，在冲动情绪的支配下，人们经常会做出追悔莫及的傻事。“急”是逼着自己往绝路上走的“高速列车”，当列车一启动就很难刹车。

据报道，在中国62%的自杀者选择服用农药或鼠药的方式，剧毒使得任何抢救连回旋余地都没有，这也是中国自杀率高的重要原因之一。调查研究资料显示，46%的自杀未遂者从轻生念头形成到执行不到10分钟，可见冲动性、无预谋性的自杀占了将近一半。半数以上的自杀未遂者声称：至少在事前一小时未想到自杀，自杀往往是在“一时冲动”或“一念之差”的驱动下付诸实施的。

游戏与影视作品对于死亡的淡化甚至美化，使很多年轻人对死亡的认知产生偏差，不仅忽视其严重性，甚至会把它当作一种特殊的体验。所以有的人稍微受一点委屈就选择自杀，并且采取极端的“快速自杀法”——念头一起就立即付诸行动。

老谢小时候由于被父母冤枉，气不过便准备自杀。他来到村里一口大水塘边，二话不说就往塘中走，边走边满脑子想象父母发现自己死去之后是如何后悔伤心的景象。他一步一步往水中间走，随着他越走越深，一些微妙的感觉出现：首先是他发现夜已深，冰冷的水让他难以忍受；接着，池塘周围的树影、虫声……也开始分散他的注意力，让他同时回想起昔日游玩的景象，委屈的感觉慢慢消失，取而代之的是曾经有过的欢乐时光，不知不觉间当年的小谢停住脚步，自杀的念头已无影无踪，此时，水快齐胸。

事过多年，老谢已是一位很成功的企业家，谈到当初的经历时仍心有余悸地对朋友说：“如果我采取诸如吃农药的极端方式自杀，很可能你现在也不会看到眼前这位朋友。”

突如其来的极端情绪就像暴发的山洪势不可挡，不要尝试与之正面对抗，将情绪的山洪引导向开阔的河滩，让洪水变成湍急的河流，你便可以在水面泛起心灵之舟。

## 理由四：没有“非死不可”的理由

那些在极端情况下选择自杀的人，往往认为自己真的是“活不下去”、“非死不可”。但是即使这样的认定也不一定是你的真实想法，你只是被一时的冲动所控制，其实在心灵的深处你并没有对生活真正放弃信心，只是当时并不自知而已。

有一位年轻人，初恋失败，感到万分痛苦，为了摆脱这种痛苦他多次萌生自杀的念头。恰巧这时一位朋友邀请他去游黄山，登山时他曾想到如果自己纵身跳下悬崖，那么自己喜欢的少女是不是会感到伤心难过呢？他的脑海中交替浮现出少女迷人的面孔以及自己得不到她的痛苦，一不留神间，脚下一滑，他差点掉下万丈悬崖。幸亏朋友及时用力拉住他。在他吓出一身冷汗时，突然惊诧了：自己不是一直想自杀的吗？为何生死一线间自己还是抓住朋友的手臂呢？——原来骨子里我还是留恋生命的啊！

想通之后，他为那些天来没有背叛内在的自己而高兴，从此之后再也没起过自杀的念头。

所以，正视自己的内心吧，其实所谓的绝望和痛苦也许只是投到你心湖的一颗石子，石子荡起的涟漪很快就会散去，湖面终会恢复澄清和平静。

## 理由五：给希望留下一扇窗

上帝关上一扇门的同时会打开另外一扇窗。

有的人选择自杀的原因是绝望——有时是对自己，有时是对生活和世界。

世界有阴暗也有光明，人生有高峰也有低谷。即便你看到的阴暗面再多也不是世界的全部；即使黑夜再长也还会有太阳升起的那一刻；千万不要把希望从此关在门外——因为希望一直都在，你只是没有看到。

现年26岁的伊万诺夫是俄罗斯中部乌法市人，他有一个年轻漂亮的未婚妻安娜，两人感情深厚。2010年年初，这对情侣筹备婚礼，并向亲朋好友发出了请帖。

可就在结婚之日的前一天，新娘安娜突然遭遇车祸，当场身亡，计划中的婚礼变成新娘的葬礼。

伊万诺夫得知噩耗后，感到天旋地转，他甚至悲痛得忘了如何哭泣，整个世界在他眼中失去了色彩。

夜幕降临，万念俱灰的伊万诺夫独自前往当地别拉亚河大桥。

当伊万诺夫来到那座距河面30多米高的大桥上，准备翻过栏杆跳向河中时，他突然发现一个年轻女子显然也试图跳桥自杀，并且已经爬上了桥上的栏杆。伊万诺夫毫不犹豫地扑了上去，将女孩紧紧抱住。

这名自杀未遂的21岁女孩名叫玛丽娅，她不久前刚刚被男友抛弃，父母发现女儿未婚先孕将她赶出了家门，绝望的玛丽娅产生了自杀的念头。

伊万诺夫回忆说："当我看到她翻过桥栏时，我的心中突然一痛，我知道不能袖手旁观。不管我自己的心有多么悲痛，我都不能让她这样做，不能看着一个生命就这样从我眼前消逝。于是我大喊一声'停下'，然后冲上前抓住了她。她倒在了我的手臂中，开始啜泣。我知道她一定有着和我相似的遭遇，所以我也跟她一起大哭了起来。"

伊万诺夫这一哭反倒令伤心的玛丽娅愣住了，她不知道救命恩人为何比她还要伤心。

她暂时忘了自己的悲痛，开始询问伊万诺夫发生了什么事。很快，两个人发现与对方同病相怜，于是滔滔不绝地倾诉出心中的悲伤。

最后，伊万诺夫和玛丽娅都感到心情好多了，并且放弃了自杀的念头。

伊万诺夫和玛丽娅约定，他们以后不能再生自杀念头，要互相帮助对方度过生命中这一段最黑暗的时期。

仿佛命中注定一样，这对不幸男女相爱了。

如今，伊万诺夫计划再次举行婚礼，和玛丽娅结为夫妻，他相信去世的未婚妻安娜一定会在天堂含笑祝福他们。

面对社会阴暗和人生逆境的确会让人产生绝望感，但作为瞬间的感觉是可以的，假如是作为一种人生的认定就大错特错，你一定要给希望留下一扇窗户！

只要是活着，所有的人都会遇到人生的挫折，挫折没什么可怕，可怕的是你从此认定"一切都完了"、"活着没意思"、"死了算了"。你或许知道：上帝关上一扇门的同时会打开另外一扇窗。但你肯定不知道：那扇门需要每个人自己去寻找，尤其是前面那扇门关上时更要坚定对生活的信念。

不管怎样的挫败，只要你还活着，就可能重新开始，或许“一切都完了”的转弯处正是下一站幸福的起点。

## 理由六：打破“完满”的枷锁

许多自杀者尤其是青少年都一个共同点：把一切不够完美的事情视为不可接受和不能容忍。这就是“完满病”。

“完满病”并不同于“完美主义”，它其实是一种心灵病症，其最大特点是贪婪地追求不切实际的东西。他们总是希望等到一切俱备之后才去做，一个小的欠缺便可以让他们全盘放弃。当世界没有满足他们的完满愿望，他们便觉得世界是地狱、生活是无法忍受的，因此不值得为之活下去。

真实的世界永远是不完美的。对敢于应对和挑战的人来说，真实的世界恰恰是一个富有的世界，因为在那里总能找到希望。生活本来就是这样的，你却责怪生活，其实该责怪的是你对生活的片面认识。及早发现“完满病”和它带来的危害，你才可能从那种虚无缥缈的人生设想中惊醒过来，并且从原来想象中的世界进入到真实的世界。

另一种隐性“完满病”则是来自于父母和社会：现代的教育往往把孩子往应试教育的路上赶，只有升学才是评判成功的唯一标准。

这样的想法对孩子、对家庭都造成极大的危害。

去年夏天，18岁的薇薇刚刚考完高考，却不见一丝如释重负的表情，她总觉得自己考砸了，心情十分低落。随着分数公布的日子渐渐临近，薇薇越发忧心忡忡起来。终于，在高考成绩公布前一天，薇薇悄悄爬上了公寓楼的楼顶。幸好小区居民发现她坐在屋檐边哭泣，拨打了110，强行把这位花季少女从鬼门关拉回来。

原来，薇薇的爸爸是一名博士，当时正在美国当访问学者，她的妈妈也是一名高级知识分子，夫妻俩对薇薇寄予了极高的希望。薇薇从小内向、要强，总是朝着父母设定的标准默默努力。高考前，她积压多年的委屈和郁闷并未得到释放，考前焦虑也未得到及时缓解。考完后，薇薇深感自己考试未能正常发挥，担心满足不了父母的预期，自责情绪使她变得越发沉默寡言。然而，她的"高知"父母丝毫未察觉女儿已濒临崩溃的边缘，还总是隔三差五地问她"你究竟考得怎么样啊？"、"第一志愿没问题吧？"重压之下，薇薇终于悄悄爬上了屋顶打算跳楼。

幸好及时被发现，没有酿成一个家庭的悲剧。

第二天，高考分数公布，薇薇考分很高，此后又顺利地被第一志愿录取，这件事总算有了一个皆大欢喜的结局。但是凭着自己的能力"杀"出来的总是少数，还有那么多没有"杀"出来的青少年他们的梦想、快乐、事业乃至生命不是葬送在"独木桥"上吗?

韩寒高中时偏科又贪玩，他当时对自己估计过高，认为完全有能力将落下的功课补回来。事实证明他做不到，最后，他的成绩差到学校准备开除他，韩寒只好自己申请退学。当老师问他将来何以为生时，韩寒说，他想靠写作谋生。韩寒回忆说，当时他说这个话时，办公室里老师都哄堂大笑。

事实是，韩寒离开学校，努力写作，成为中国新生代著名作家。

所以，认清成功不只有一条单行道，当你不能达到某种设定的完满标准时，千万不要沮丧，你就是你，你的长处还在等待你去发现。

## 理由七：重生才是最好的选择

没有一位曾经从自杀边缘挣脱的人会告诉你：自杀是一种美妙的体验，是一种解脱。毫无例外，凡是从死亡边缘回归的人，都会发现其实活着才是最美好的体验。

你们或许不知道许多自杀过而又没有死成的人事后往往会非常后悔自己当初的选择，认为选择自杀是何等愚蠢的举动！

“文化大革命”开始后，不少著名的学者如老舍、傅雷都走上自杀道路。

著名翻译家萧乾也曾深感屈辱吞下安眠药自杀，在他被人救回来后，死而复生，面对关爱自己的妻子，他突然感到无穷的后悔并下定决心：不管出现怎样的苦难自己再也不去寻死！

自从那次寻死之后，又过去30年，他还顽强地活着，而且还有艺术的“第二度青春”，包括将世界名著《尤利西斯》由英文翻译为中文。后来他写一篇《“死”的反思》的文章对这一段经历作了很好的总结。

假若你也有一时想死的念头，你再看看萧乾这一段“死”后复活的30年经历，再看看他对生命如此深刻的认识，你是否还想去死呢？

当有一天我们失去那些我们认为离开就无法再继续活下去的东西时，一些人就会一心一意想死。不妨真正想象一下，自己因此死去之后，再设想自己“死”后再重生是一种非常有效的心灵转换法。

有一位女士恋爱不成功而想到轻生，因为她坚信：除非某男人爱她，否则她无法活下去。当她得不到这份感情时就想到了自杀。

她在向心理医生咨询时，医生就让她先回答一个问题：你死了后会怎样，如果你“死而复生”又会有什么不同？这位女士想了好几天，突然想通了：“我自杀以后，对我喜欢的那个人没有任何影响，世界对他来说仍旧是件美好的事——太阳依旧照耀，水照样给身体带来凉意，人们仍然工作忙碌。”

她心中豁然开朗——她还可以再爱别人，于是她决定活下去。

## 理由八：为你爱的人你没有资格死去

自杀也许是能够一了百了，“轻松”地抛弃一切包袱，但是，自杀前你有没有想过：你的死将给家人，朋友带来多大的伤害？

股市有风险是每个股民都知道的事实，炒股胜败如兵家常事，但股民林先生因炒股失败，在过度失望下跳楼自杀。其实，林先生亏得并不严重，他手里完全还有足够东山再起的资金，完全没有必要因一时亏损而跳楼。

林先生死后，留下妻子和一个正读高中的女儿。妻子是某工厂的技术员，丈夫自杀后心情悲痛，一直无法平静，导致工作中屡屡出错而被辞退。回到家后精神恍惚，整天郁郁寡欢。女儿读高三，临近高考，爸爸的死对她打击很大，怎样都无法集中精力复习功课，每次模拟考试成绩都相当不理想。对爸爸死亡的悲痛和对高考的绝望，使女儿开始整夜整夜地失眠。每次看到妈妈对着爸爸的遗物伤心垂泪，母女俩便抱头痛哭，一个好端端的家庭，就因林某不负责任的自杀而变得支离破碎，他的死给家人留下的阴影不知何时才能散去。

当你有自杀的念头时不妨想想，你的死会给那些你爱着和爱着你的人带来多大的伤害和痛苦？尤其是你的父母和家人，你还忍心这样做吗？

一位女孩的男友出车祸住进了医院，女孩一直守在病床前陪护。这时男友的手机响了，因男友行动不便，女孩便代为接听。对方自称是男友的老婆，女孩此时犹如晴天霹雳、五雷轰顶，相恋几年的男友居然已婚，这几年自己一直被蒙在鼓里！自己算什么，是情人还是二奶？没想到自己把身心都托付出去的男人，一直在玩弄和欺骗自己。想到此，女孩不禁心如刀绞，这么多年的感情和青春竟然全都付诸东流，这世上还有没有靠得住的男人？想到这里，女孩万念俱灰，爬上医院病房的窗户，准备从20层高的楼上纵身跳下……

不过，这个女孩并没有死。女孩的父亲及时赶到，跪在病房走廊的地板上老泪纵横，父亲晓之以理动之以情，苦苦相劝。看着白发苍苍的父亲，女孩的眼泪夺眶而出。幼年丧母，父亲含辛茹苦二十多年把自己养大，如果就因为自己感情上的打击舍父亲而去，未免太过自私。自己死了之后父亲怎么办？孤苦伶仃、无依无靠，还要整天生活在失去女儿的巨大悲痛之中。如果真的往下跳，那杀死的不仅是自己，同时也将父亲赖以生存的精神支柱彻底摧毁，于心何忍？与男友分手也并非世界末日，至少还有父亲真正关心疼爱自己，况且自己还年轻，为此事赔上性命就没有任何将来。就这样，亲情的力量最终将女孩从死亡线上拉了回来。

所以请你也想一想身边的亲人和朋友吧，想一想他们失去你之后的打击与哀痛，为那些你爱的人和爱你的人勇敢地活下来吧！

## 理由九：只要你肯伸出手，就会得到帮助

有不少人自杀都是由于当事人过于内向和拘谨，事后发现他们遇到的问题其实并不大，但是由于他们将自己的心扉紧闭，凭个人的能力又应付不了那些问题，最后就会被那些问题压垮。

现代社会中人们都在忙于自己的事情，所以有不少人感叹人心冷漠，其实那只是一种表象。当然，生活中确实存在不少冷漠的人，但也有很多人出于对他人生活空间的尊重，会用一种平静和疏离的态度来保持与他人的距离，但这并不代表他们会真正漠视别人需要帮助的请求。

求助、发泄、“死亡宣言”其实都是一种求助信号，只要你肯打破自己的顾虑和拘谨，向他人敞开心扉，你所期待的支持就会及时出现。

2010年3月16日上午9：49，在丫丫网亲子论坛里，名为“至爱单单”的网友发的一篇帖子，揪紧了无数年轻妈妈的心。

在这篇题为《我想我是该离开了……离开宝宝，离开所有人》的帖子里，“至爱单单”将自己形容为“一个可怜的人”，没有一个可以交心的朋友，没有一个幸福的家庭。

发帖者在帖子里表达了轻生的念头，称是在“不得已”的情况下，无情地选择在宝宝不满两个月的时候离开这个世界，并希望宝宝长大后

理解自己。

网友“至爱单单”的这则帖子立刻引来不少网友的关注，论坛里的妈妈们使出浑身解数发帖劝说开导这名悲观绝望的母亲。还有网友开始搜寻“至爱单单”的联系方式，试图联系她的亲人阻止悲剧发生。

根据“至爱单单”的网上资料和上网记录显示，早在产前她就流露出悲观情绪。她在网上感慨：人家都说结婚了，男人都会变的，果然不错。

不少网友根据她的记录推测，婚后她和老公以及婆媳的关系并不融洽，加上没什么朋友，只好在网上倾诉不快。

中午12：00，距离网友“至爱单单”留下绝命书已经过去2个小时，看到她依然没有上线，网友们非常焦急。

此时，丫丫网论坛的网管一直通过“至爱单单”注册时留下的手机号跟她联系，但可惜电话一直处于关机状态。为防止意外发生，网管及时联系到了“至爱单单”的家人和当地居委会，并向当地派出所报警。

据了解，“至爱单单”从小家庭环境比较特殊，性格比较内向，产后不适，让她常常胡思乱想。

经过家人的劝说后，当天下午4点55分，“至爱单单”再次登录丫丫网，留言感谢论坛里姐妹们的关心，同时表示自己已经冷静下来。此时，该帖已有500多条回复。

大约1小时后，看完众多网友给她的留言，“至爱单单”于6点02分再次发帖，表示这几百条留言她几乎是边看边哭，早上就差1分钟或许她就不在人世了。“至爱单单”的妈妈后来知道了这件事，下午派出所的民警接到网管反映后也前来核实过了。

“至爱单单”表示，之所以今天会这么极端，就是因为憋太久了。她还表示，母亲在她4岁的时候改嫁，她是外婆一手带大的，所以跟母亲没多少感情，也不愿和她多说话。由于自己脾气古怪，又没有小姐妹，再加上长期压抑，才导致自己产生了轻生的念头。

朋友、亲人等都是你的支撑，当觉得自己撑不下去的时候，我们就要学会向他人请求支持。不要太要强，不要觉得这样做是脆弱与无能的表现，任何一人都有其脆弱的一刻，这并不丢脸，你这样做恰恰是证明你的勇敢和成熟！

除了向亲近的朋友家人寻求帮助之外，社会化的服务机构也是一种很重要的支持系统。现在某些国家已经有不少这样的机构如“黄丝带计划”、“生命热线”等，都是可以提供帮助的机构。

## 理由十：活下去而且要记住

某些人由于最亲爱的人突然逝世，自己根本无法承受这样的打击最后干脆放弃生命，以寻求一起解脱。这种情感是值得理解的，但是你也应该明白：事情既然发生，自己就该接受，自己最大限度地过好生活实际上是对逝去亲人的最好告慰。

美国芝加哥发生大地震，许多人家破人亡，其中有位中年妇女被人从倒塌的房屋之中救出来之后，得知自己的丈夫和两个孩子全部遇难，悲痛使她再也没有办法活下去，自杀几次又几次被人救回来。

后来一位神父为让她从痛苦中解脱出来，便要她向天堂写信，好像丈夫和孩子都去天堂出差一样。她勉强地答应，开始不断地给他们写信。开始的时候只是诉说自己对他们的思念，后来便开始叮嘱，让丈夫对孩子要好好照顾。再到后来她又能够感到丈夫与孩子对自己的叮嘱：让她活下去而且要活好！

最后，她终于把悲伤变成一种祝福，接受丈夫与孩子死去这一事实，并开始做义工，从而找到自己活下去的理由。

唐山大地震后，很多破碎的家庭迅速地开始重组，这能说明大家在遗忘吗？恰恰相反，正是因为对继续生活的渴望和对逝去亲人的承诺，才使这些人鼓起勇气恢复生活。唯有自己更精彩地生活下去，才是对逝去亲人最好的告慰。